/陕西省科普专项资金项

2020年度陕西省 新媒体科学传播 |蓝皮书|

陕西省科学技术协会◎编著

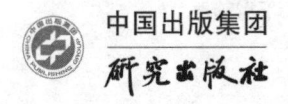

中国出版集团
研究出版社

图书在版编目 (CIP) 数据

2020 年度陕西省新媒体科学传播蓝皮书 / 陕西省科学技术协会编著 . -- 北京：研究出版社 , 2022.1
 ISBN 978-7-5199-1117-1
 Ⅰ .① 2… Ⅱ .①陕… Ⅲ .①传播媒介—研究报告—陕西— 2020 Ⅳ .① G219.274.1
 中国版本图书馆 CIP 数据核字 (2021) 第 259401 号

出 品 人：赵卜慧
责任编辑：安玉霞

2020 年度陕西省新媒体科学传播蓝皮书
2020 NIANDU SHAANXISHENG XINMEITI KEXUE CHUANBO LANPISHU

作　者	陕西省科学技术协会　编著
出版发行	研究出版社
地　址	北京市朝阳区安定门外安华里 504 号 A 座（100011）
电　话	010-64217619　64217612（发行中心）
网　址	www.yanjiuchubanshe.com
经　销	新华书店
印　刷	北京中科印刷有限公司
版　次	2022 年 1 月第 1 版　2022 年 1 月第 1 次印刷
开　本	787 毫米 ×1092 毫米　1/16
印　张	6.75
字　数	100 千字
书　号	ISBN 978-7-5199-1117-1
定　价	48.00 元

版权所有，翻印必究；未经许可，不得转载

本书编委会

策　　　划：李肇娥

主　　　编：丁德科

项目负责人：吕培涛　雷家栋

特约编辑：王　晶　王慧子

特约校对：成姣洁　李鹏辉

编　　审：张　立　田　烨

序 言

公民科学素质是国民素质的重要组成部分,是社会文明进步的基础。习近平总书记指出,"科技创新、科学普及是实现创新发展的两翼,要把科学普及放在与科技创新同等重要的位置。没有全民科学素质普遍提高,就难以建立起宏大的高素质创新大军,难以实现科技成果快速转化"。这一重要指示精神是新时代科普工作和科学素质建设高质量发展的根本遵循。

国务院《全民科学素质行动规划纲要(2021—2035年)》提出到2025年公民具备科学素质的比例达到15%、到2035年公民具备科学素质的比例达到25%的目标,为进入创新型国家前列奠定坚实社会基础。我省《纲要》实施方案提出了同期达到全国平均水平的目标。在《纲要》和实施方案的顶层引领下,陕西省科协牢记"抓创新就是抓发展,谋创新就是谋未来"的要求,以坚如磐石的信心、坚韧不拔的毅力、勇立潮头的劲头,团结广大科技工作者扎扎实实办好陕西科技事业,努力走出一条创新驱动发展的新路。

科学传播是提高公众科学素质的重要途径和方式,可以通过多元化的传播媒介,架起科学与公众之间的桥梁,更好地促进公众培育科学精神、树立科学思想,掌握基本科学方法,了解必要科技知识,提升应用科学分析判断事物和解决实际问题的能力。随着大数据、区块链、AI(人工智能)、5G(第五代移动通信技术)等新技术的勃兴,互联网成为科学传播工作的主阵地。据CNNIC(中国互联网络信息中心）调查显示，截至2021年6月，中国网民数量已突破10亿，互联网已经成为最具活力且生机勃勃的生态系统。公众活跃在哪里，科学传播的主阵地就在哪里。占领新阵地，根植新场域，在新技术与手段的助力下开展科学传播工作，是大势所趋，亦是未来前景。

  在中国科协"提升科普信息化水平，推动科普中国建设和资源落地应用"的倡议下，为了发掘扶持优秀科普机构及个人，鼓励运用新技术手段推动全社会科学普及，提升我省科普品牌的影响力、创作个体的创新力与生命力，强调公众参与科技创新、决策科学事务的权利，构建"双向对话"的传播叙事，陕西省科协开展了全省新媒体科学传播评价排行工作，在对2020年新媒体科学传播综合分析的基础上，建构新媒体影响力融合榜单，并对经典案例加以梳理，用心用情讲好科学故事，力争真实、全面、立体展示我省科学传播的最新动态与现实图景。陕西省科协面向公众发布的《2020年度陕西省新媒体科学传播蓝皮书》，首次将科协系统与自媒体两大传播场域相联通，倡导将多元传播主体纳入科学传播的视野，在"公众理解科学"基础上，增加了"公众参与科学"这一全新的维度，力图为创新科学传播的实践提供新的解码、诠释与思路。

  习近平总书记强调指出："做好新形势下宣传思想工作，必须自觉承担起举旗帜、聚民心、育新人、兴文化、展形象的使命任务。"全省科学传播工作将以提高全民科学素质、服务高质量发展为目标，以践行社会主义核心价值观、弘扬科学精神为主线，以深化科学供给侧改革为重点，将科学传播视为多元化的生态系统，推动传播实践，构成既相互依赖又自主勃兴的复杂网络。

  希望以《2020年度陕西省新媒体科学传播蓝皮书》发布为契机，

序 言

全省科学传播工作继续坚持深入探索，主动将科学传播与各行业、各专业及各领域深度融合，打造协同联动的科学传播体系。继续发挥新媒体信息传播优势，推动科研机构、媒体业和科普机构多主体联动，在科技教育、卫生健康、环境保护和防灾减灾等方面实现科学传播载体多元化，推动科技教育、科学传播与科学普及高质量发展，形成全领域行动、全地域覆盖、全媒体传播、全民参与共享的全域科普工作格局，持续为经济社会发展助力赋能，为陕西高质量发展提供有力支撑。

陕西省科协党组书记　李豫琦

2021 年 12 月 10 日

目 录
Contents

序言 / 1

概述与发展趋势 / 1

第一章　2020 年陕西省新媒体科学传播分析 / 7
　　第一节　新媒体影响力融合榜单 / 7
　　第二节　2020 年陕西省新媒体科学传播：科协系统新媒体
　　　　　　影响力分析 / 12
　　第三节　2020 年陕西省新媒体科学传播：自媒体新媒体
　　　　　　影响力分析 / 34

第二章　2020 年陕西省新媒体科学传播案例分析 / 45
　　第一节　优质账号影响力分析 / 45
　　第二节　传播亮点分析 / 55
　　第三节　优质文章分析 / 59

第三章　陕西省新媒体科学传播发展建议 / 77

附录 1　新媒体时代科普传播的挑战与对策 / 83

附录 2　陕西省新媒体科学传播评价方法及指标体系 / 89

参考文献 / 95

概述与发展趋势

陕西省新媒体科学传播研究以习近平新时代中国特色社会主义思想为指导，始终坚持正确的舆论导向，紧紧围绕"为科技工作者服务、为创新驱动发展服务、为提高全民科学素质服务、为党和政府科学决策服务"的要求，不断深入运用"互联网+"思维模式开展科普工作，向公众普及科学知识、倡导科学方法、传播科学思想、弘扬科学精神，为提升全省公民科学素质做出贡献。

党的十九大以来，"网络强国""数字中国""智慧社会""文化强国"等理念的提出，为我们勾画了未来科技的发展蓝图。2020年，"新基建"加快规划布局，以人工智能、信息科技、生物技术、新能源和工业互联网等为代表的第四次科技革命方兴未艾，为我们实现现代化目标打下更坚实的基础。为贯彻落实新时期国家关于信息传播的理念，加强"网上科协"建设，充分利用新媒体宣传的扩散性，陕西省科协及所属省级学会等均开设了相应的新媒体平台。本书采用定量研究法，以2020年度陕西省新媒体科学传播科协系统运营数据以及陕西省自媒体科学传播数据为研究对象，开展新媒体传播指数分析，为陕西省新媒体科学传播建设提供数据支撑和决策参考。从传播理念、内容、形式、手段等方面加强顶层设计，促进陕西省新媒体科学传播精细化发展，提升整体传播效果。

2020年是非常不平凡的一年，新冠肺炎疫情防控取得重大战略性成果，社会经济总体保持稳定和良好的发展态势。陕西省科协系统新媒体矩阵在信息公开、疫情防控、公共服务和科学科普方面发挥了重要的作用。在后疫情时期，新媒体与场景化的数字智能技术深度融合，将成为社会治理创新与探索、数字领导力建设和推动媒体融合发展的重要着力点。

一、新媒体赋能科学信息传播多元化，双向流动实现用户交互

新媒体可以营造交互性和开放性的传播环境，促进科学传播者了解受众对知识的需求，从而能够有针对性地开展宣传活动，增强科学普及的吸引力。此外，新媒体丰富了科普内容的形式，通过画面、声效、解说、模拟等手段，表现出多元化的科技信息，具有感知多样性、沉浸感、交互型、构思性等特征。依托新媒体开展的科学传播主题与内容多元化，可以实现更客观、更有效的分众传播，让科学知识变得更加生动、通俗易懂，既扩展了科学传播的内涵，也增强了科学传播的实效性。

目前科普漫画、视频等新颖的创意表达手法持续涌现，专业人员与科学传播者通过互联网平台持续发布具有科学性、趣味性、观赏性的优秀作品，极大增强了科学传播的效果，受众爱看并能从中汲取科学知识。借助新媒体让科学信息的传播者和接受者零距离接触，实现知识和思想的传授和引导，实现信息双向流动与用户交互。通过双向交互这种直观便捷的方式，向公众普及科学知识、倡导科学方法、传播科学思想、弘扬科学精神，以最快的速度缩短科技与公众之间的距离，使现代科普工作更富有时代气息。

二、5G"新基建"积极推进科学传播，助力多样化服务

2020年上半年，作为"新基建"的重要领域，5G的建设工作取得了积极进展，5G网络的建设速度和规模都超过预期。5G技术带来更多样化的服务场景，以其超高速、超链接、超大规模、超低时延技术革新带来了红利，万物皆媒、人机共生的智媒时代正在走来，4K、8K、VR、AR等技术，将信息和事件无限放大，信息传播者与受众之间的信息交互性更强，流动速度更快，信息传递量更大，这给新媒体的发展带来了难得的机遇。新媒体要掌握互联网时代的规律，充分利用最新技术优势，精准把握传播渠道、传播内容以及广大受众的重点关切，以创新的精神不断丰富表现形式、表达方式，让传播内容实现更精准的触达，推动与用户的有效互动、深度连接。

在年初新冠肺炎疫情防控工作中，短视频就成为疫情信息公开发布的重要形式。5G时代快捷便利的信息传输，减少了数据流量对视频观看的阻塞，吸引了更多网友的观看。在疫情得到控制，逐步开始复工复产阶段，各类直播带货再次让5G有了发挥的空间。除上述宣传场景，越来越多的机构把直播和本部门的工作职能做了更加紧密的结合，通过网上直播让机构的服务职能得以发挥更大的边际社会效应。直播的"视觉呈现"和"双向互动"为受众带来了图片、文字、视频等无可比拟的现场感、参与感和认同感，开辟了信息传播的新路径。陕西省科协系统新媒体矩阵把准5G时代的互联网信息脉搏，充分利用最新的技术优势，积极探索，不断创新，将挑战转变为机遇，精准把控传播渠道，丰富内容生产和表达的形式，推动信息更加精准

地送达，做到扎根于人民，服务于人民。

三、大数据量化评估运营成效，开创传播新局面

现阶段，建设新媒体矩阵内部竞合奖惩机制，需要配备大数据检测工具，以大数据手段呈现评估新媒体传播的效果，量化账号运营机制、成果及成效，然后通过各项指标剖析新媒体，清晰辨别新媒体运营优缺点。在陕西省科协系统及自媒体新媒体后续的建设过程中，可采用数据评估运作成效，对矩阵账号量化评估，鼓励先进，鞭策落后，不断提升新媒体矩阵整体实力。如此，通过大数据检测工具为新媒体运营长效机制强基固本，将有力推动陕西省新媒体科学传播的发展。

改变传统的宣传方式，践行精准推送。随着新媒体时代的来临，新科技在媒体和受众之间开辟了一条彼此了解的通道，架起了相互沟通的桥梁。媒体领域的市场细分越来越明显，对用户信息的整理、挖掘和分析显得至关重要。利用大数据、云计算、人工智能和区块链等技术处理手段，在增强数据分析和应用能力的基础上，可以根据每个用户的兴趣爱好、受教育程度、经常浏览的页面、停留时长等数据信息分析，实现对内容的个性化加工、定制服务，并实施及时有效的精准推送，让"你关注的就是头条"从理想状态变成现实可能。在这里，媒体做到了新闻产品的"适销对路"，受众实现了各取所需，传播力也就得到了真正的实现。当然，在推送过程中还要尽量避免"信息茧房"和"回声室效应"现象的出现。

科学传播的目的是交流共享科技信息和知识，新媒体环境带给科

学传播的既有机遇也有挑战。科学传播的研究者和从业者应当厘清新媒体环境下科学传播的新机遇和新趋势，进而探索科学传播的新模式和新策略，充分利用新媒体平台，发展壮大陕西省科学传播事业，不断提升公民的科学素质，进而夯实科技强国的基础，为国家科技发展贡献力量。

四、权威匡正舆论视听，高频发声压制网络谣言

2020年，围绕疫情的谣言和不实信息层出不穷，严重干扰疫情防控总体大局，陕西省科协系统新媒体持续发布权威信息，加强新冠肺炎疫情防控政策宣传与解读，科学引导群众不信谣、不传谣，主动从官方渠道获取防疫知识，积极回应社会关切，精准传播疫情防控科学权威声音，提升公众预防意识和能力。同时，推出"谣言粉碎机""科学辟谣"等专题，针对"网传新冠病毒在家就能自测""病毒可悬浮一天""左氟沙星眼药水可以防止新冠病毒从眼部进入"等网络谣言，及时发声辟谣，遏制谣言进一步传播扩散。此外，对于公共卫生、食品安全等谣言重灾区，高频次发布日常辟谣信息，并依托多平台优势进行信息分类、精准传播，进一步提升公众科学意识，以谣言传播势头反向助推权威声音不断扩大。

第一章
2020年陕西省新媒体科学传播分析

第一节　新媒体影响力融合榜单

表 1-1　陕西省科协系统新媒体科学传播综合指数榜单

序号	主体机构
1	陕西省科普宣传教育中心
2	陕西科技报社
3	西安市科学技术交流馆
4	汉中市科学技术协会
5	榆林市科学技术馆
6	陕西省天然药物学会
7	榆林市科学技术协会
8	陕西省医学会
9	中国科学院国家授时中心
10	陕西金盾警用装备技术研究中心科学技术协会
11	韩城市科学技术协会
12	渭南市临渭区科学技术协会
13	陕西省药学会
14	陕西省体育科学学会
15	陕西科学技术馆
16	陕西省老科学技术教育工作者协会
17	渭南市科学技术协会
18	陕西省古生物学会

续表

序号	主体机构
19	延安市科学技术协会
20	陕西省卒中学会
21	陕西省植物保护学会
22	陕西省航空学会
23	陕西省煤炭工业协会陕西省煤炭学会
24	陕西省消防协会
25	陕西省农村专业技术协会联合会
26	陕西省电子学会
27	陕西省电源学会
28	陕西省计算机学会

备注：陕西省科协系统新媒体科学传播综合指数榜单是根据微博、微信、今日头条、抖音各平台传播融合指数排名

融合指数＝微信传播指数×55%＋微博传播指数×15%＋今日头条传播指数15%＋抖音传播指数×15%

表1-2 陕西省自媒体科学传播微信综合指数榜单TOP10

序号	微信公众号
1	十月呵护
2	兵工科技
3	佚名科技
4	西安植物园
5	玲玲生活小窍门
6	九里山下
7	航天科技与农业
8	秦科技
9	睿莱体测
10	蔚蓝节能环境科技集团

第一章 2020年陕西省新媒体科学传播分析

表 1-3 陕西省自媒体科学传播微博综合指数榜单 TOP10

序号	微博昵称
1	@Geek_Cao
2	@溪溪大人
3	@王朝的废墟
4	@IT魅力
5	@极客萝卜
6	@秀数码
7	@于赓哲
8	@营养师张淋琳
9	@中医营养师王磊
10	@MakerBeta

表 1-4 陕西省自媒体科学传播今日头条综合指数榜单 TOP10

序号	今日头条号名称
1	兵工科技
2	十月呵护
3	育儿界的蓝胖子
4	Mr苟胜
5	陕西强哥说科技
6	吴先森手绘科普
7	KK科普
8	科技小胖资讯
9	秦五粮
10	小五聊育儿

9

表1-5 陕西省自媒体科学传播抖音综合指数榜单TOP10

序号	抖音账号昵称
1	秦五粮
2	安州牧
3	西安市儿童医院
4	十月呵护
5	雀巢 NestleBaby
6	小平聊康复
7	Geek_Cao?
8	佚名科技
9	有爱正能量爱贝舒
10	杨飞

备注：陕西省自媒体科学传播综合指数榜单TOP10按照各平台传播指数排名

　　陕西省科协在带领广大科学传播工作者，弘扬科学家精神，大力宣传习近平总书记对科技工作者的关心关怀的同时，着力发现、挖掘、宣传优秀科技工作者典型，把握世情、国情、党情、科情，做科技信息传播的把关人。此外，运用互联网等新技术、新手段，在全社会广泛传播科学知识、科学思想、科学精神和科学方法，提升陕西省科技新闻传播整体竞争力。为深入贯彻习近平总书记在全国科技创新大会上的重要讲话精神及来陕考察的重要讲话、重要指示精神，加强科学普及，激发创新热情，营造讲科学、爱科学、学科学、用科学的浓厚氛围，提升陕西省科普品牌及创作个体的生命力和创新力，进一步提升陕西科普工作传播力、引导力、影响力、公信力，陕西省科协联合陕西清博、相关科研及媒体机构主要围绕微信、微博、抖音、今日头条四大新媒体平台，设立陕西省新媒体科学传播评价体系，并发布各项权威榜单。

第一章 2020年陕西省新媒体科学传播分析

1. 微信引领新媒体矩阵影响力

陕西省科协系统新媒体科学传播综合指数榜单28家机构中,陕西省科普宣传教育中心和陕西科技报社"独占鳌头",无论是发文量、阅读量还是互动量,均彰显出账号不俗的运营实力。各平台传播呈现出媒介交叉传播与整合互动的特点,陕西省科协系统各机构大部分已开通微信账号,并以12 376篇的推文收获了342万+的阅读量,网民的认可充分说明了陕西省科协系统在微信平台的公信力和影响力。抖音平台仅有8家机构开通账号,但抖音传播指数5 071仅次于微信平台,并以1 147条视频斩获近千万级的点赞数,可见抖音以迎合快节奏、碎片化阅读习惯的特征契合了当下新媒体传播环境。开通微博和今日头条号的机构分别有8家和12家,传播指数相差无几,均达到2 000+,今日头条推文数14 669为最大。

2. 自媒体聚焦科技热点强势引流

陕西省科学传播自媒体影响力指数榜单中,各账号的传播影响力差距不大,生活类和科技类账号传播优势明显。微信平台以"十月呵护"科普母婴育儿自媒体账号为代表;微博平台以@王朝的废墟自媒体博主为代表;今日头条以"兵工科技"军事科技为代表;抖音平台以"秦五粮"历史文化为代表。

3. 多元化内容呈现"科普大餐"

陕西新媒体科学传播内容涵盖科学百科、前沿技术、健康医疗、食品安全、保障安全、航空航天、信息科技、节能环保、地质生态、防灾减灾、气候环境、应急避险、历史文化等与公众日常生产生活密切相关的图文和视频科普知识，精准为公众提供"科普大餐"。

4. 平台运营"马太效应"较为显著

陕西省科协系统新媒体平台运营两极分化较为严重，平台间的内容流动性不高，各机构、各单位在微信平台的发展良好，微博和今日头条在一定程度上掣肘融合指数的进一步提升。后期还需整合资源，杜绝停更、断更现象造成资源浪费，侧重打开账号的均衡发展局面，进一步扩大新媒体账号的影响力。

第二节 2020年陕西省新媒体科学传播：科协系统新媒体影响力分析

一、微信新媒体影响力分析

1. 影响力分析："马太效应"较为显著，升级联动协作是关键

表1-6 陕西省科协系统微信传播数据　　　　单位：次

文章数	12 376	最大阅读数	244 430
阅读数	3 429 248	最大点赞数	819
点赞数	17 318	最大在看数	2 966
在看数	44 697	发布次数	4 243
平均阅读数	7 141	头条阅读数	2 083 877
平均点赞数	42	头条点赞数	8 434
平均在看数	84	头条在看数	20 544
WCI			7 242

第一章 2020年陕西省新媒体科学传播分析

2020年，陕西省科协系统微信矩阵29个账号累计发文12 376篇，其中有28个账号微信推文保持活跃，1个账号处于运营停歇状态，发帖频率、互动频率等相关运营相对较强，矩阵总体活跃度较高。后期还需整合资源，杜绝出现停更、断更现象造成资源浪费，侧重打开账号的均衡发展局面，进一步扩大新媒体账号的影响力。

在文章传播数据方面，微信传播指数为7 242；文章总阅读数突破3 429 248次，在看数达到44 697次；头条阅读数与头条在看数分别为2 083 877次、20 544次，分别占总阅读数和总在看数的61%、46%，微信矩阵账号头条引流效果良好。运营期间，阅读量过万次的文章有11篇，说明优质微信账号准确把握新媒体的发布特点，并以用户的信息需求为中心，但整体内容的影响力有待进一步提升。

表1-7 陕西省科协系统微信传播指数　　　　　　　单位：次

序号	主体机构	微信公众号	文章数	阅读数	点赞数	在看数	最大阅读数	WCI
1	西安市科学技术交流馆	西安科普	991	956 611	1 681	5 186	99 125	674
2	汉中市科学技术协会	汉中科普	1 436	746 876	10 317	25 173	12 895	627
3	陕西省科普宣传教育中心	陕西科普	729	399 118	832	3 491	10 279	523
4	榆林市科学技术协会	榆林科普	1 156	356 316	537	1 572	8 244	475
5	榆林市科学技术馆	榆林市科学技术馆	1 368	319 846	763	1 325	4 828	452
6	陕西科技报社	水煮科技	532	137 681	233	624	28 139	397
7	渭南市临渭区科学技术协会	科普临渭	1 076	77 600	258	985	33 119	328

续表

序号	主体机构	微信公众号	文章数	阅读数	点赞数	在看数	最大阅读数	WCI
8	陕西省天然药物学会	陕西省天然药物学会	86	52 600	14	282	19 771	319
9	陕西省药学会	陕西省药学会	239	58 530	202	973	3 903	305
10	中国科学院国家授时中心	国家授时中心	24	25 587	281	361	3 996	289
11	韩城市科学技术协会	韩城科普	701	56 182	540	2 013	3 788	287
12	陕西省医学会	陕西省医学会	62	31 517	87	110	2 780	263
13	陕西省老科学技术教育工作者协会	陕西省老科协	802	40 704	787	1 052	1 108	242
14	陕西省医学会	陕西医学科普	144	25 399	55	313	840	218
15	陕西科学技术馆	陕西科学技术馆	728	37 198	75	147	1 115	211
16	陕西省体育科学学会	陕西省体育科学学会	195	17 720	114	193	2 821	199
17	陕西省古生物学会	陕西省古生物学会	21	8 635	79	104	1 354	179
18	延安市科学技术协会	延安科协	268	19 264	21	88	833	175
19	陕西省卒中学会	陕西省卒中学会	22	7 945	140	102	1 294	175
20	陕西金盾警用装备技术研究中心科学技术协会	案管家	312	16 360	35	108	1 464	166

第一章 2020年陕西省新媒体科学传播分析

续表

序号	主体机构	微信公众号	文章数	阅读数	点赞数	在看数	最大阅读数	WCI
21	陕西省植物保护学会	陕西省植物保护学会	99	6 450	33	132	543	126
22	渭南市科学技术协会	渭南科普	608	9 036	84	167	337	116
23	陕西省航空学会	陕西省航空学会	120	5 394	42	21	315	103
24	陕西省煤炭工业协会陕西省煤炭学会	陕煤协会学会	443	7 595	38	74	192	100
25	陕西省消防协会	陕西省消防协会科普教育	63	3 579	36	20	354	92
26	陕西省农村专业技术协会联合会	陕西省农村专业技术协会联合会	122	3 468	16	32	483	83
27	陕西省电子学会	陕西省电子学会	4	714	5	25	304	59
28	陕西省电源学会	陕西省电源学会	25	1 323	13	24	206	59
29	陕西省计算机学会	计算机技术与发展	—	—	—	—	—	—

备注：按照WCI（即微信传播指数）排名

陕西省科协系统微信矩阵29家机构中，有9家机构WCI在300~700之间，其中西安市科学技术交流馆微信号以WCI674荣登微信传播指数榜首，其次是汉中市科学技术协会WCI627，陕西省科普宣传教育中心WCI523。此外，陕西科技报社微信账号"水煮科技"以WCI397排名第六。建议在后续阶段，构建协同互动机制，推动矩阵内协调发展，从而形成良好的传播态势和影响力。

肩负线上宣传责任的微信充分发挥网络传播作用，内容主要以疫情防控、科学知识普及、政策解读、活动宣传等为主线。如"西安科普"推出的"全国家庭科学实验挑战赛——科技之春"系列主题活动旨在调动青少年的"科学范儿"，淬炼科学智慧。"水煮科技"走进民法典、对话科学、食趣等系列主题涉及多方面的科普知识。陕西科学技术馆发布的科学实验挑战赛升级再战"疫"活动，开启传播新模式，还有各种科学小实验利用视频等直观的传播方式，解读生活中常见现象里蕴藏着的科学原理。

2. 传播趋势：紧扣科技话题，创新互动模式成效显著

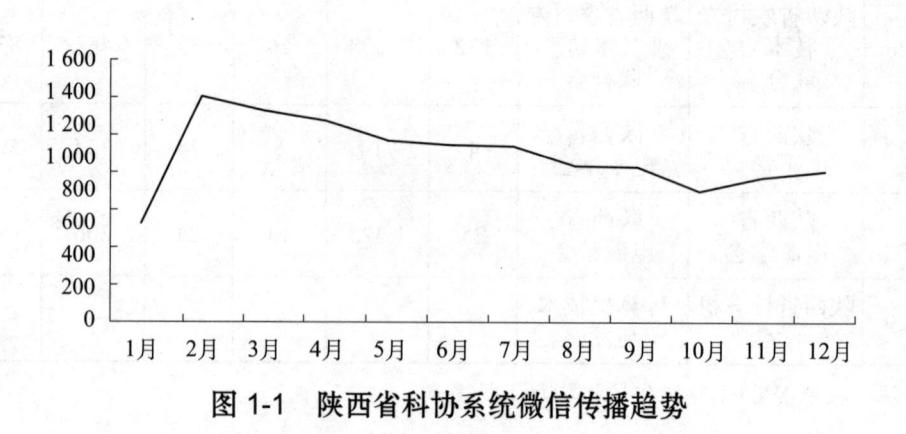

图 1-1　陕西省科协系统微信传播趋势

陕西省科协系统微信传播趋势较为平缓，形成了自有的推文习惯。2月是传播峰值，主要由于疫情爆发期，各级科协系统积极响应国家政策宣传，借助新媒体平台优势，联动配合，集中优势资源为疫情信息发布和传播提供便利，让信息传播更快、更全面，在疫情中为防疫信息更快落实、快速辟谣等工作提供了全新的进行路径。

第一章 2020年陕西省新媒体科学传播分析

科普微信号的主要内容是养生保健、食品安全、生活常识、生活小窍门,以及科技资讯、科技产品、科普活动等。"天天科普"栏目以生活科普为切入点,充分利用"科普中国"丰富的科普资源,从不同的视角诠释复杂的科学知识,让科学知识更易于被大众接受。但值得注意的是,内容雷同较多,原创内容少。

首先,疫情防控相关内容占比45%。各级科协系统持续加强新冠肺炎疫情应急科普内容资源建设,在微信平台设立专题页,以图文、视频、专题、话题、挂图等多媒体形式,从心理疏导、冷链传播、"春节"防疫、科学辟谣、疫苗接种等方面开展宣传,引导公众在防控常态化下科学应对疫情。其次,生活科普占比27.3%。生活科普宣传专栏主要从食品安全、法律法规、医疗卫生、防灾减灾等多个方面入手,充分利用官方媒体平台的优质科普资源,推送与市民生活紧密相关的生活科学常识和百科知识,多角度满足群众的精神需求。最后,通知公告、科普活动、政策宣传、科技科普等共占比27.7%。科普活动主要包含"科技之春"宣传月、科学实验挑战赛等线上科普体验活动,组织动员社会各界力量在全省范围内开展千余项形式多样、内容丰富的科普活动,让更多的人"宅"享科学魅力。

3. 平台运营:科学传播凝练核心内容,双向传播紧贴大众需求

陕西省科协系统微信关注度靠前的推送文章,主要表现为专家观点类、学术会议指南类、表彰奖励公示类、科技政策类、实用科普类与行业科技进展类等几个方面。新媒体带来的改变使传统的科普宣传工作受到极大影响:一方面,传统自上而下的单向传播方式与新媒

体传播途径重叠度降低，使得传统科普宣传工作对民众影响的覆盖面缩小，依靠传统媒体进行的主导性宣传在一定程度上被削弱。另一方面，大众更愿意接受新媒体的互动能力和参与式的思想交流，而单向灌输的传统科普方式越来越难以被大众所接受。

形式新颖、感染力强的新媒体传播方式深受公众喜爱。陕西省科协系统微信所推送内容在表现形式上综合应用文字、图文结合、微视频、音频与H5（一种主要用于移动端的传播载体）等，特别是微视频已成为互联网时代公众乐于接受的最重要的一种方式。"一图了解"的长图宣传方式，利用新媒体简洁明了的特征，凝练核心内容和特点，使不了解相关工作的人群能迅速了解相关内容，迎合了当今用户碎片化、短平快的阅读习惯。

二、微博新媒体影响力分析

1. 影响力分析：头部账号引流显著，矩阵化传播需汇聚合力

表1-8　陕西省科协系统微博传播数据

发博总数	62 412	评论数	2 244
粉丝数	229 152	原创转发数	3 293
发博数	5 119	原创评论数	2 243
原创数	4 377	点赞数	8 761
转发数	3 300	BCI	2 631

第一章 2020年陕西省新媒体科学传播分析

陕西省科协系统微博矩阵中，各账号"马太效应"显著，头部账号影响力"独占鳌头"，尾部账号有停更、断更现象。

陕西省科协系统仅有5家机构进行微博运营，BCI达2 631，微博开通较少，运营力度低于微信、今日头条和抖音。年度累计发布博文5 119条，单个账号日均发博量为2.8条，更博频率较为正常，收获转评赞共计14 305。原创微博数据抢眼，共计原创数4 377，占博文总数的比例高达86%，原创转评数共计5 536，占比39%。可见微博矩阵质量尚可，可圈可点的原创微博数也彰显了微博不俗的内容生产实力。

表1-9 陕西省科协系统微博传播指数　　　　单位：次

序号	主体机构	微博昵称	粉丝数	发博数	原创数	转发数	评论数	点赞数	BCI
1	陕西省科普宣传教育中心	@陕西科普V	94 306	4 165	4 147	3 267	2 085	8 627	1 289
2	陕西科技报社	@陕西科技传媒	7 519	822	102	13	124	74	635
3	陕西金盾警用装备技术研究中心科学技术协会	@陕西法治微言	127 274	126	123	19	35	57	585
4	陕西省天然药物学会	@陕西省天然药物学会	35	5	5	1	—	3	115
5	陕西省体育科学学会	@陕西省体育科学学会	18	1	—	—	—	—	7

备注：按照BCI（微博传播指数）排名

陕西省科普宣传教育中心微博账号@陕西科普V发挥着"领头羊"

作用，BCI 是 1 289，发博数 4 165，原创数 4 147，转评赞 13 979，可见该账号保障了内容的高质量，突出的原创博文占比，彰显了不俗的内容生产实力，此外高转发率也体现了矩阵传播的明显优势。内容方面，首先，@陕西科普V搭载"2020年全国科普日"（阅读量261.5万，讨论量887次）等多个微博话题，设置"天天科普"主题传播科学小实验、科普生活知识；其次，实时跟踪报道解读疫情防控政策和科普疫情相关民众关心的热点话题；最后，还涉及税务社保、高考信息、放假通知、旅游景区、节气提示、消防安全等多方面热点事件通知公告。

其次，陕西科技报社的微博账号@陕西科技传媒，BCI 为 635，发博数 822，账号运营拥有较大的上升空间。博文内容涉及多方面的知识科普、本地热点资讯，微博内容轻松接地气，阅读门槛低，但未形成系统的主题设置，原创博文还有待扩展。因此，建议在提高发文量的同时保证优质的博文内容，结合热点信息及趣味性的发文形式，增加用户间的互动，从而提高账号的传播力和影响力。值得关注的是，@陕西科技传媒博文内容摒弃以往一板一眼的宣传方式，以风趣的表达方式解读一系列时事政策，值得推广。

2. 传播趋势：权威发布减缓焦虑，凝聚战疫力量

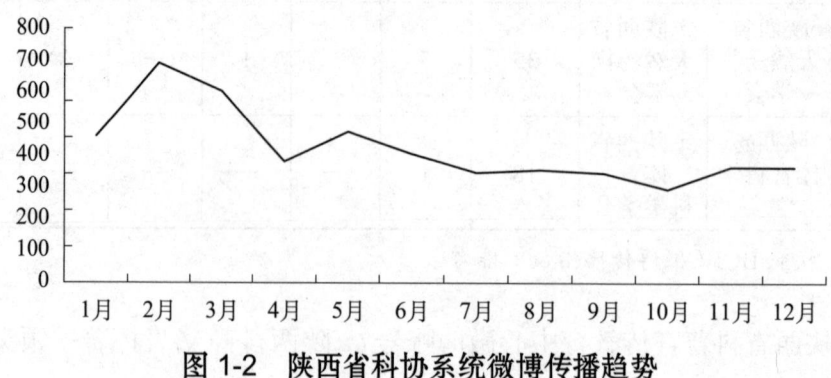

图 1-2　陕西省科协系统微博传播趋势

第一章 2020年陕西省新媒体科学传播分析

陕西省科协系统新媒体在促进科学技术繁荣发展、促进全民科学素质提高、促进科技人才成长提高、促进科技经济紧密结合方面做了大量的工作。微博传播趋势波动较为显著，2月依然是传播峰值，4月至12月微博发文基本趋于平缓。

3. 平台运营："僵尸号"阻滞微博传播，服务价值亟须提升

媒介融合不仅要创新形式，更要创新内容，可以依靠原有的科普资源优势，针对广大群众的实际需求，认真分析研究不同的社会群体对科学传播的需求及其变化，有的放矢地开展科普宣传工作，同时利用新媒体的互动性，调动受众积极参与科普活动。面对微博这一双刃剑，积极研究微博信息的科学传播机制，探讨微博的科学传播策略，做好科普工作，提高公众的科学素养和风险意识，这也是微博健康发展的重要环节。但纵观陕西省科协系统微博传播指数会有以下问题：

（1）"僵尸"账号影响陕西省科协系统整体形象。部分科协系统微博内容不更新或更新迟缓，严重影响用户体验，导致粉丝量和阅读量稀少。

（2）以转载模式为主，欠缺深度内容。所推送内容主要转载科协系统官网、主流媒体相关信息，深度报道和原创内容生产加工欠缺，从历史和人才视角开展科学文化建设内容相对较少，展现形式较单一，文案创作技巧运用较少。

三、今日头条新媒体影响力分析

1.影响力分析：矩阵整体运营平稳，首尾影响两极分化

表 1-10　陕西省科协系统今日头条账号传播数据

发文数	14 669	篇均阅读	5 575
阅读数	6 641 980	篇均评论	7
评论数	8 183	TGI	3 044

陕西省科协系统9个今日头条活跃账号共推文14 669次，单个头条账号月均发文136篇，能够保证每日4~5篇推文的更新频率，勤勉发文获得664万+阅读数及357万评论数流量，整体传播呈现出打开率和互动率良好的状态。传播指数TGI 3 044，最大和最小传播指数是586、35，说明陕西省科协系统今日头条账号影响力指数存在首尾两端高低分化、分布不均的现象，应着重挖掘处于"长尾"中小账号的潜力，与头部账号形成差异互补，共同助力陕西省科协新媒体影响力提升。

表 1-11　陕西省科协系统今日头条传播指数

序号	主体机构	名称	发文数	阅读数	评论数	篇均阅读	篇均评论	TGI
1	陕西省科普宣传教育中心	陕西科普	1 330	3 074 156	1 848	2 311	1	586
2	陕西科技报社	陕西科技传媒	10 388	2 037 496	2 082	196	1	576
3	渭南市科协	渭南科普	2 248	1 217 884	3 975	542	2	567

第一章 2020年陕西省新媒体科学传播分析

续表

序号	主体机构	名称	发文数	阅读数	评论数	篇均阅读	篇均评论	TGI
4	韩城市科学技术协会	韩城市科协	171	128 383	147	751	1	363
5	陕西科学技术馆	陕西科学技术馆	442	124 892	68	283	1	358
6	陕西金盾警用装备技术研究中心科学技术协会	陕西金盾	40	49 026	55	1 226	1	302
7	榆林市科学技术协会	榆林科普网	42	10 032	3	239	1	216
8	陕西省天然药物学会	陕西省天然药物学会	4	62	5	16	1	41
9	陕西省体育科学学会	陕西省体育科学学会	4	49	—	12	—	35

备注：按照TGI（今日头条传播指数）排名

陕西省科协系统今日头条账号发布的内容涵盖疫情防控、扫黑除恶、精准扶贫、科技科普等多个资讯和活动宣传，内容覆盖面广。

陕西科技报社今日头条号"陕西科技传媒"发帖最为勤奋，密集推出高质量、有深度的政策解读、信息和科普内容，积极参与传播，接力推广，扩大了政策普及覆盖的圈层。此外，还通过短视频、直播等形式，结合热点话题案例进行科普讲解，提供贴近生活、生动、立体的内容，传播效果突出，获得广泛认可。

陕西省科普宣传教育中心头条号传播指数最高，TGI 为 586，并以 1 330 篇发文数斩获 307 万＋的阅读量及 1 848 的评论数，但也呈现出文章打开率高、互动率略显不足的状态。该账号内容设置包含科技、生活、医学、防疫、旅游、法律等多领域学科的科普，科普内容覆盖面广，有利于加强传播效果。此外，还有以"创新·体验·成长"为主题的青少年科技创新大赛传播，在培养青少年群体科技创新精神和科技实践能力方面有突出的效果。

2. 传播趋势：高度聚焦政宣科普，有力彰显基层服务使命

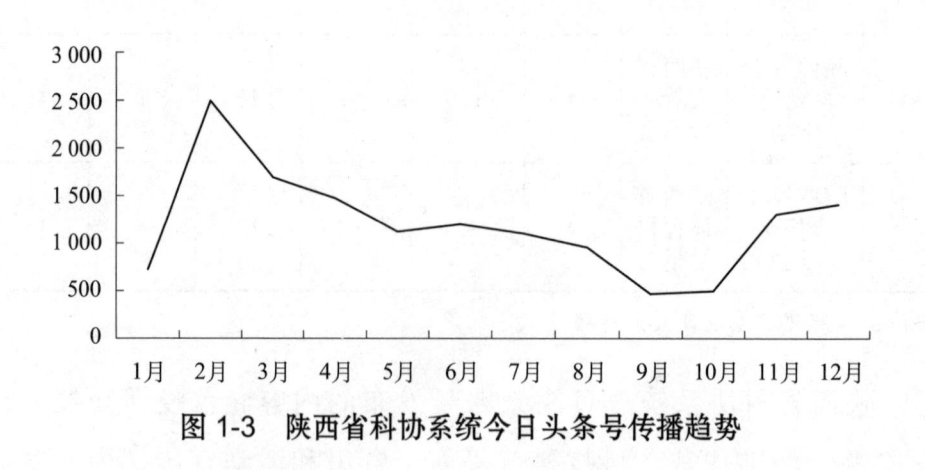

图 1-3　陕西省科协系统今日头条号传播趋势

陕西省科协系统搭建今日头条新媒体矩阵，为科协系统提供了官方信息发布平台，有利于加强宣传工作渠道建设，扩大科协系统媒体影响力，进一步在全社会宣传科技人物，普及科学知识，弘扬科学家精神。

第一章 2020年陕西省新媒体科学传播分析

陕西省科协系统今日头条号传播趋势波动较大，2月依然为推文"高峰期"，9月至10月为推文"低谷期"，内容则是以科普信息化为抓手，推进科普宣传常态化，实现了"提升档次、形成集群优势"的目标，呈现出主题鲜明、重点突出、富有创新、健康向上的良好态势，为加快陕西省科学传播发展提供了强有力的精神动力和舆论支持。

3. 平台运营：内容创新亟待提升，流量裂变等待形成

现在正处于传播4.0时代，优质的内容＋正确的渠道＋流量运营＝传播力，优质的传播带来流量裂变，从而实现传播的终极目标。今日头条号属于资讯聚合类产品，要致力于平台与渠道建设，向不同的目标群体精准推送不同的新闻信息。陕西省科协系统发挥今日头条号在科学普及与大众之间的桥梁纽带作用，为我国科普事业发展营造良好的传播环境，促进了社会主义物质文明、政治文明、精神文明建设与和谐社会建设全面发展。

整体来看，今日头条号内容总体打开率有待提升。首先，部分科协今日头条号发布篇数、篇均阅读量普遍较低，个别机构未运营，内容不更新，账号处于停滞状态。其次，陕西省科协系统头条号在内容呈现上主要以图文推送为主，H5、视频、动图与漫画等新形式展现较少。最后，在语言表达方面，多为严谨的官方用语，接地气的新时代公众话语体系和文案创作技巧运用不足；平台内部宣传局限于一味格式化的上传下达，内容仍以工作信息为主，题材较为"老套"，使得系统内部宣传信息呈现"粗加工"的效果。

四、抖音新媒体影响力分析

1.影响力分析：头部账号引领全局，矩阵辐射能力增强

表1-12 陕西省科协系统抖音传播数据

发文数	评论数	点赞数	分享量	抖音指数
1 147	585 940	9 867 552	447 272	5 071

陕西省科协系统抖音传播矩阵活跃账号共计8个，累计发布视频1 147条，抖音号视频评论数58万+次，点赞数986万+次，分享量44万+次，整体来看，视频发布数量正常，运营平稳有序。抖音传播指数5 071，在"双微一抖一头条"四大新媒体平台传播指数中排名第二，整体影响力保持良好水平。

另外，抖音传播指数分布在100～1 400区间，头部账号"陕西科普"和尾部账号"陕西科学技术馆"抖音运营存在较大差距，矩阵间未形成有效的协同发展机制，一定程度上掣肘了总体抖音传播指数的提升。

表1-13 陕西省科协系统抖音传播指数

排名	主体机构	账号昵称	发文数	评论数	点赞数	分享量	抖音指数
1	陕西省科普宣传教育中心	陕西科普	337	584 083	9 493 294	432 817	1 356
2	陕西科技报社	陕西科技传媒	584	1 546	371 275	13 970	1 009
3	陕西省天然药物学会	陕西省天然药物学会	54	189	747	92	627

第一章 2020年陕西省新媒体科学传播分析

续表

排名	主体机构	账号昵称	发文数	评论数	点赞数	分享量	抖音指数
4	榆林市科学技术馆	榆林科技馆	76	76	872	62	602
5	陕西科技报社	对话科学	76	32	942	320	593
6	中国科学院国家授时中心	中国科学院国家授时中心	6	8	397	11	428
7	陕西省体育科学学会	陕西省体育科学学会	13	6	21	0	312
8	陕西科学技术馆	陕西科学技术馆	1	0	4	0	144

备注：按照抖音传播指数排名

陕西省科普宣传教育中心的抖音账号"陕西科普"以1 356的抖音传播指数名列前茅，以相对较少的视频数获得58万+的评论数、949万+点赞数、43万+分享量的可喜成绩。内容则以互动活动、科技人物宣传、各行业知识科普为主线，通过视频互动的方式聚拢人气，如：科技活动周科普大赛、科技之春、科技人物宣传、致敬科技工作者等视频。

陕西科技报社的抖音账号有两个，分别是"陕西科技传媒"和"对话科学"，其中"陕西科技传媒"勤勉发文，以584条优质视频获得评论、点赞、分享量共计38万+，内容则涵盖了科普专列、5G时代、趣味科普、创新科技、机械农业、嫦娥五号、垃圾分类、环境保护、抗疫助农等多元化主题。此外，"对话科学"设置议题，定期推送相关科技科普知识，扩大视频直播普及覆盖的圈层，产生了良好的传播效果。

科普类的短视频主流传播形态非常受欢迎，如对视频样态做出创新，从用户需求出发，研发和生产新颖的科普视频，以探索直播、互动视频等方式更好地传播科学知识，如"儿科医生说""如果云知道"等，可在传播科普知识、服务大众需求方面起到更加良好的作用。

2. 传播趋势：视频聚焦用户需求，多元视角呈现趣味科普

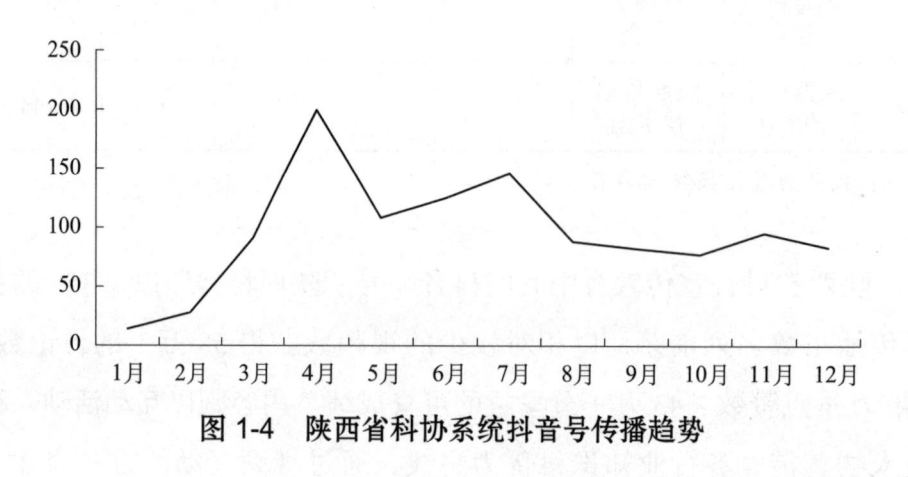

图 1-4 陕西省科协系统抖音号传播趋势

陕西省科协系统抖音号传播趋势呈现"M"型，4月到达传播第一峰值，主要是"第一届陕西省大学生天然药物微视频大赛获奖作品——科普组优秀奖"短视频提高声量；陕西科技传媒利用剧集方式策划科普宣传，使得短视频声量激增。7月到达传播第二峰值，该时间段属于季节性舆情暴发期，安全和生活常识科普较多。

从传播内容看，主要分为三类。

科学实验类：此类型以短视频的形式记录科学实验的过程，更好地展现科学现象，向大众揭示科学原理。如：所用道具仅为热水、冷

水、玻璃杯、颜料等，在短短15秒的时间内操作完成一个完整的科学实验，以科学实验的方法呈现直观的科学现象，向公众揭示了"热水密度小于冷水密度"这个科学道理，激发公众对科学知识探究的热情。

自然奇观类：此类型的科普视频通过科学的视角展现科学之美、生物之奇，以及人与自然之间的和谐共生等。如关于太阳系运转的短视频，为大众揭示了太阳系的真实运动情况。这一视频采用了模拟与实拍相结合的创意动画形式，以极为直观的方法向用户科普相应的知识点，呈现出了一个与传统科普作品中完全不同的太阳系运转画面，让大众更加轻松、生动地了解天文知识。

日常生活类：日常生活类视频范围更加广泛，无论生活妙招、饮食禁忌还是运动健康，只要是和生活相关的具备一定科学性的短视频，都属于此类。如教用户如何利用日常生活中常见的物品来解决生活中的各种小问题；"衣柜衣服总是很乱，快快收藏起来用"等视频，手把手地教大家如何利用生活之物进行创意实操，达到整齐有序的目的。

综合来看，抖音平台号发布短视频较为随性，未形成系统的发文习惯。科学传播要达到好的宣传效果，不仅要积极传达党和政府的相关政策、工作重点，及时报道各领域的相关学术信息动态，发挥为公众搭建沟通政府及科学共同体的桥梁作用，还需在宣传中树立创新服务的观念。

3. 平台运营：沉浸式体验丰富趣味，科技信息立体化传播

以新媒体为载体来创作，以丰富多彩的艺术形式呈现，既可以满足人们随时随地获取信息的需求，又增添了科普趣味性。这种形式越来越受大众欢迎，尤其体现在目前逐渐火爆的抖音短视频平台。借助新媒体让科学信息的传播者和接受者"零距离"接触，加强知识和思想的理解和沟通，实现信息双向流动与用户交互。

随着短视频平台的发展，越来越多分享知识、传播科普内容的创作者涌现出来。科普短视频运用画面、声效、解说等手段，将科学知识以更加生动、接地气的形式呈现给公众，从而拉近了科技与公众的距离。除了在特殊时期成功出圈的关于新冠肺炎的系列科普视频，更有其他类型的科普短视频正在走入全民视野。依托短视频平台开展的科学传播主题与内容更加多元化，有利于实现更客观、更有效的分众传播，让科学知识变得更加真实、生动、通俗易懂，这既扩充了科学传播的内涵，也增强了科学传播的实效。

五、新媒体全网运维分析

1. 影响力分析：微信引领矩阵影响力，账号协同发展亟待加强

表1-14 陕西省科协系统新媒体全网传播数据

平台	推文数	阅读数	转发数	评论数	点赞数	传播指数	融合指数
微信	12 376	342 924	—	—	17 318	7 242	5 595
微博	5 119	—	3 300	2 244	8 761	2 631	
今日头条	14 669	6 641 980	—	8 183	—	3 044	
抖音	1 147	—	447 272	585 940	9 867 552	5 071	

备注："—"代表该平台没有该项指标及数据；"传播指数"代表陕西省科协系统在该平台的传播影响力指数；"融合指数"代表陕西省科协系统新媒体多平台传播影响力

第一章 2020年陕西省新媒体科学传播分析

2020年，陕西省科协系统新媒体矩阵传播成绩表现良好，融合传播指数5 595，各平台传播呈现出媒介交叉传播与整合互动的特点。

系统内各机构大部分已开通微信账号，且微信传播指数7 242遥遥领先于其他平台，并以12 376篇的推文收获了342万+的阅读量，网民的认可充分说明了陕西省科协系统在微信平台的公信力和影响力。

虽然抖音平台仅有8家机构开通账号，但抖音传播指数5 071仅次于微信平台，且仅以1 147条视频斩获近千万级的点赞数，可见抖音以迎合快节奏、碎片化阅读习惯的特征十分契合当下新媒体传播环境。微博和今日头条传播指数较为接近，均达到2 000+，且开通微博和今日头条号的机构分别有8家和12家。此外今日头条号推文数14 669达到最大。

从平台运营来看，陕西省科协系统新媒体矩阵两极分化较为严重，平台间的内容流动性不高，各机构在微信平台的发展良好，微博和今日头条在一定程度上掣肘融合指数的进一步提升。因此，引导微信平台优质内容在其他平台传播的力度有待加大。抖音平台生产的优秀短视频内容因平台限制无法在特定平台传播，平台联动性仍有待提升。

从粉丝运营来看，陕西省科协系统新媒体矩阵虽然相较传统媒体离网民的心理距离更近，然而各平台用户互动的程度仍有待提高。因此，需及时选择性反馈用户评论，增强账号服务性、趣味性、互动性，充分发挥新媒体平台的双向互动优势，做新时期党和政府的民意沟通之桥、民心凝聚之利器。

2. 热门推文：内容发布紧扣科普工作，宣传服务融合凸显特色

图 1-5　陕西省新媒体科学传播词云图①

陕西省科协系统新媒体矩阵深耕工作内核，侧重质量凝练传播，注重工作动态和党政部门宣传，以政策解读、科学普及、热点播报、疫情防控、活动宣传等综合性运营的方式辐射深远，做好党和政府联系科技工作者的桥梁和纽带。纵观陕西省科协系统新媒体推文热词，其内容主要涉及以下三个方面。

---

① 词云图是使用不同灰度和大小重点突出文本数据中出现频率较高的"关键词"并予以视觉化的展现，词频提及次数越高字体越大，反之亦然。

第一章　2020年陕西省新媒体科学传播分析

①疫情防控：聚焦疫情紧跟报道，防疫科普助推宣导

"疫情""肺炎""战疫""病毒""口罩"等疫情防控是各单位宣传的重点工作。实时跟进疫情数据、举办防疫科普知识竞赛、解答公众疑问，表彰英雄疫情志愿者、解读防疫政策、征集抗疫活动作品等内容，有利于凝聚民心，进一步体现了陕西省科协系统最基本的职能属性。

②科学普及：科普知识契合用户所需，立足科协热点议题

公众从自身工作和生活的实际出发，对获取科学知识产生强烈需求。陕西省科协系统新媒体账号内容则设计各类科学小实验，为用户答疑解惑；"专家课堂——科普惠民"系列主题活动为用户特设线上科普套餐；合理用药科普、应急科普、科学抗疫科普、生活百科科普、食物趣味科普等，采用视频、音频、动图、文字、图片等多种元素组合宣传，同时结合党政科技热点动态，通过科普知识传递正能量，把满足公众的科普需求和创新驱动发展作为主要任务。

③活动宣传：创意活动与工作结合，互动增强用户黏性

"大赛""作品"等热词高度凝结科技宣传活动，如"科学实验挑战赛"活动带领用户云逛科技馆，各大互联网媒体平台对"优秀作品展示"联合传播，有创意的活动积极调动用户参与热情，实现了双向互动的格局。此外，还通过答题竞赛等方式，借助微信答题插件，设置知识问答，答题转发有奖的形式，既能传播知识又能吸引众多用户参与，提高了用户关注度。

第三节 2020年陕西省新媒体科学传播：自媒体新媒体影响力分析

随着信息科学技术的快速发展，自媒体拓宽了科学传播路径，改变了大众在科学传播中的被动接受信息角色，实现"传统一体化"的双向科学信息传播模式。这不仅拓宽科学信息传递范围，更提升科学信息传递的有效性，推进科学传播的创新发展。

一、自媒体微信影响力分析

1. 主题策划表现亮眼，科普热点相得益彰

表1-15 自媒体微信传播指数TOP10

序号	微信公众号	文章数	阅读数	点赞数	在看数	最大阅读数	头条阅读数	WCI
1	十月呵护	1 265	12 863 444	16 296	32 426	100 001	9 349 730	1 133
2	兵工科技	1 339	3 599 558	24 332	27 221	46 705	1 678 965	893
3	佚名科技	246	1 364 941	2 412	4 195	41 935	1 132 598	764
4	西安植物园	231	318 868	1 398	2 286	12 291	145 706	528
5	玲玲生活小窍门	743	232 136	1 231	44 56	1 802	92 374	434
6	九里山下	994	180 094	298	1 242	13 549	123 927	407

第一章 2020年陕西省新媒体科学传播分析

续表

序号	微信公众号	文章数	阅读数	点赞数	在看数	最大阅读数	头条阅读数	WCI
7	航天科技与农业	2 066	181 396	545	1 642	34 158	36 306	387
8	秦科技	1 025	130 231	262	399	5 898	53 550	343
9	睿莱体测	160	73 595	182	355	4 193	55 229	334
10	蔚蓝节能环境科技集团	121	44 953	262	402	1 722	40 570	291

备注：按照WCI（微信传播指数）排名

　　陕西省自媒体科学传播微信矩阵33个账号中，"十月呵护"账号远超其他账号，占据微信矩阵排行榜第一位，传播指数达1 133。"兵工科技""佚名科技""西安植物园"3个账号排行靠前，传播指数均超500，其余账号以微弱的劣势紧跟其后。各账号的传播影响力差距不大，生活类和科技类账号传播优势明显，与科协系统微信主流账号保持步伐一致，助推新媒体科学传播总体影响力的提升。

　　运营期间，优质微信账号准确把握新媒体的发布特点，以用户需求为中心，整体内容的影响力较大，涵盖了科技行业所涉及的方方面面，内容发布也紧紧围绕科学主题，将科普与热点紧密结合，增强了内容的可读性与趣味性，使得整体阅读量、好看数等互动性指标大幅攀升。

　　微信热文在主题策划、内容制作和传播数据上表现亮眼，充分利用微信平台应用日常打开率高、用户基数庞大且群组圈层结构以病毒式传播的特点，实现微信平台跨群组、跨圈层的传播。

图 1-6　自媒体微信账号类别分析

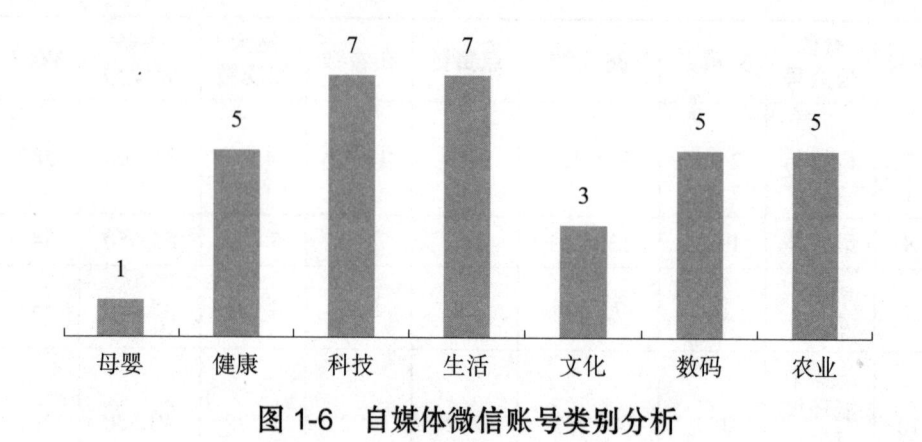

2. 矩阵账号类型丰富，整体布局有待完善

陕西省自媒体新媒体科学传播微信矩阵账号类型丰富，涵盖母婴、健康、科技、生活、文化、数码和农业7个类别。其中涉及科技、生活的账号较多，健康、数码和农业类账号数量相同，母婴类账号虽只有1个，但整体表现却远胜其他账号。后续微信自媒体矩阵还需做到平均发力，发挥出头部账号的数量优势，带动矩阵影响力整体提升。

陕西省自媒体新媒体科学传播微信矩阵推文中，推文类型较为多元。母婴类账号引流效果明显，坚持发布有趣、有料的原创内容；科技类型账号致力于传播科学实验内容和科普短视频，解锁科学新玩法；健康类账号借助科学写作平台和原创内容输出平台，传播内容以医疗健康、生活小知识介绍为核心；农业类账号用文字、图片和视频的形式来展示水果、植物、生命之美，阐释隐藏在植物背后的动人故事。总之，微信自媒体账号以漫画、视频、图文等方式传播科学知识，涉及领域多元化，但后续有待进一步提升推文传播效果，进一步

第一章 2020年陕西省新媒体科学传播分析

完善陕西省自媒体新媒体科学传播微信矩阵的整体布局。

二、自媒体微博影响力分析

1. 知名自媒体人气超高，合力搭建宣传阵地

表1-16 自媒体微博传播指数TOP10

序号	微博昵称	粉丝数	发博数	原创数	转发数	评论数	点赞数	BCI
1	@Geek_Cao	481 262	2 167	1 798	67 693	122 720	705 635	1 725
2	@溪溪大人	169 417	4 134	2 328	64 935	121 753	317 569	1 679
3	@王朝的废墟	1 440 743	3 115	966	70 241	31 073	124 087	1 585
4	@IT魅力	156 896	6 649	5 853	7 578	43 311	376 178	1 566
5	@极客萝卜	323 676	3 048	2 912	7 573	27 946	311 103	1 521
6	@秀数码	695 818	1 005	949	8 073	38 702	59 204	1 486
7	@于赓哲	561 333	386	147	50 067	15 304	173 854	1 471
8	@营养师张淋琳	4 481 020	1 475	1 300	11 566	4 031	80 931	1 391
9	@中医营养师王磊	564 544	484	472	19 420	4 404	22 592	1 378
10	@Maker Beta	302 683	315	286	10 690	6 894	25 173	1 355

备注：按照BCI（即微博传播指数）排名

陕西省自媒体科学传播微博矩阵中，@Geek_Cao、@溪溪大人、@王朝的废墟、@IT魅力、@极客萝卜5个账号传播影响力排名靠前，BCI分别为1 725、1 679、1 585、1 566、1 521，反映出读者对微博自媒体的内容认可度高，持续关注度较大，增强了陕西省科学传

播自媒体矩阵的功能性。其余账号传播影响力紧跟其后，各账号间传播影响力差距不大。

综合来看，一些个性化特点突出的自媒体原创用户规模逐渐扩大，其影响力倍增，远超机构账号。陕西省科学传播自媒体中，资讯达人、美食等自媒体原创双微账号较多，部分自媒体运营传播影响力较强，该类账号在介绍陕西古风土人情、饮食、科技等方面发挥着重要的作用，这一部分商业化的自媒体的宣传力量不可忽视。未来，可以妥善联动、合理引导当地自媒体用户内容原创，共同促进陕西省新媒体科学传播发展。

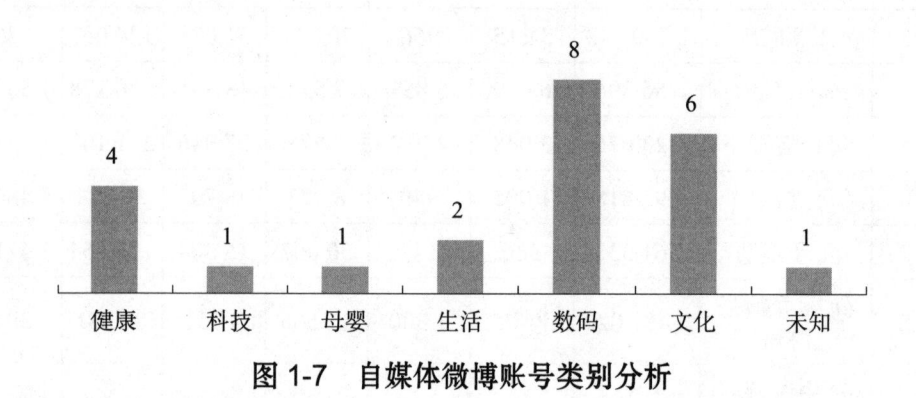

图 1-7　自媒体微博账号类别分析

2.各领域账号布局完整，多形式互动易于传播

陕西省自媒体新媒体科学传播微博矩阵中，账号类型主要包括健康、科技、母婴、生活、数码和文化类。其中，数码类账号数量最多，有8个。其次为文化类账号6个，健康类账号4个。科技类账号1个，母婴类账号1个，生活类账号2个。整体来看，陕西省自媒体新媒体科学传播微博矩阵账号类型较为多样化，涵盖基本的6个领域。矩阵账号分布也较为均匀，布局较为完整。

第一章 2020年陕西省新媒体科学传播分析

科普自媒体的多元化、多渠道、多角度、多形式已成为一种趋势。从传播主体的角度来说，除了有官方账号，如 @陕西省西安植物园，还有个人开通的微博大 V 账号，如母婴育儿博主、育儿视频自媒体 @十月呵护，知名数码博主 @溪溪大人 等科普爱好者也占有一席之地。从传播内容的角度来说，既有综合性科普自媒体，也有如 @十月呵护 等专注于某一领域的科普自媒体，其内容主要分为育儿知识、家庭经营类、女性共鸣类、女性发展类。育儿百科提供各类育儿技巧；成长营主要是学前教育和家庭关系处理。从传播形式的角度来说，陕西省科学传播科普自媒体使用的传播形式涵盖图片、文字、语音、视频等，都致力于用通俗易懂的语言和形式，将科学知识传播给受众。

三、自媒体今日头条影响力分析

1.账号活跃度不一，深耕科学主题创新内容

表 1-17 自媒体今日头条传播指数 TOP10

序号	名称	文章数	阅读数	评论数	篇均阅读数	篇均评论数	TGI
1	兵工科技	314	10 632 066	27 240	33 860	87	963
2	十月呵护	371	3 037 137	3 492	8 186	9	813
3	育儿界的蓝胖子	11	224 762	615	20 433	56	763
4	Mr 苟胜	7	67 341	267	9 620	38	676

续表

序号	名称	文章数	阅读数	评论数	篇均阅读数	篇均评论数	TGI
5	陕西强哥说科技	51	99 429	224	1 950	4	595
6	吴先森手绘科普	26	21 764	6	837	0	458
7	KK科普	2	1 736	5	868	3	398
8	科技小胖资讯	72	9 181	271	128	4	390
9	秦五粮	1	574	8	574	8	364
10	小五聊育儿	3	1 260	6	420	2	354

备注：按照TGI（今日头条传播指数）排名

陕西省自媒体新媒体科学传播今日头条矩阵中，"兵工科技""十月呵护""育儿界的蓝胖子""Mr苟胜"4个账号传播影响力排行靠前，TGI分别达到963、813、763、676。排行末端的账号与第一位存在一定差距，在发文数和运营上有待突破。

整体来看，今日头条头部自媒体账号的文章阅读量十分可观，最大阅读量超千万次，评论量达两万余条，充分体现了今日头条自媒体对文章内容的深耕，贴合科学热点话题，带动了新媒体科学传播矩阵的内容创新性，今日头条自媒体账号能够较好地把握用户需求，吸睛能力强，对科普信息传播起到了较好的补充作用，也在内容传播方面有更多的发挥空间。

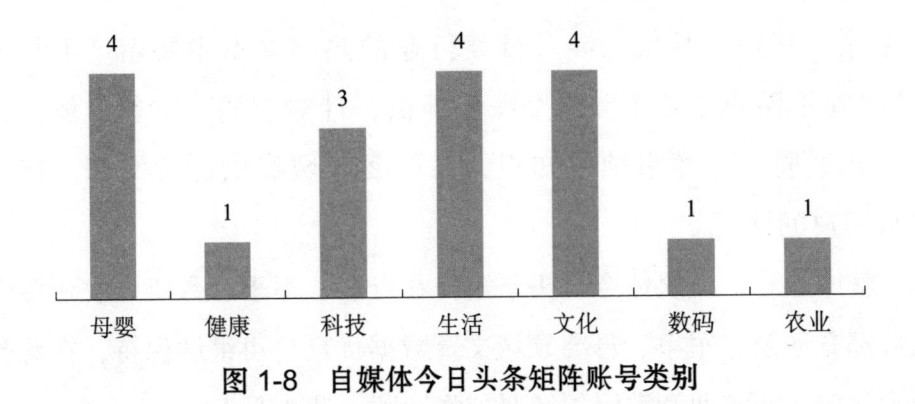

图1-8 自媒体今日头条矩阵账号类别

2. 多元账号数据亮眼，齐头并进助推矩阵

今日头条自媒体账号共18个，涉及母婴、健康、科技、生活、文化、数码、农业七个领域，受众群体较为广范，凸显今日头条自媒体矩阵强大的包容性和吸引力。涉及母婴、生活、文化的账号较多，均为4个，齐头并进，成为科协今日头条矩阵的头部力量，平衡底部账号影响力，实现了矩阵的整体发展。"十月呵护""育儿界的蓝胖子"两个账号在母婴领域表现尤为突出。涉及科技领域的账号共3个，尽管在数量上少于母婴领域账号，但凭借"兵工科技"各项优异的数据弥补了巨大差距，陕西迪尔西科技、陕西猎鹰科技教育2个账号处于停更状态，需尽快恢复更新。健康、数码以及农业领域账号均为1个，数量较少且运营状况堪忧，可适当增加新账号激发活力。

从文章内容来看，军事类题材内容多涉及我国军事战略、尖端科技以及美国的军事走向，吸引了一大批军事粉丝以及感兴趣的中老年群体读者，满足了用户关于军事方面的知识需求。军事领域的爆款文章，为"兵工科技"账号吸引流量驻足，全方面提升账号数据，同时也推动今日头条自媒体矩阵在军事资讯方面

41

的引流、开拓。其次，涉及母婴行业的热门文章主要由"十月呵护""育儿界的蓝胖子"两个账号提供，针对宝妈、宝爸群体，分享育儿经验、注意事项等知识，在母婴领域提供优质文章，得到多数用户的认可。

整体上看，自媒体今日头条矩阵在母婴、军事、数码、农业多个领域都有涉及，军事、母婴领域文章数据优良，可继续保持，在此基础上深耕，而农业和数码领域要加强运营、迎头赶上。

四、自媒体抖音影响力分析

1.运营总体成绩突出，引流传播效果显著

表1-18 自媒体抖音传播指数排名 TOP10

序号	账号昵称	视频数	评论数	点赞数	分享量	抖音指数
1	秦五粮	143	84 905	2 462 646	61 615	1 203
2	安州牧	128	45 666	966 557	6 233	1 121
3	西安市儿童医院	322	9 999	649 369	61 831	1 100
4	十月呵护	610	12 039	167 326	29 705	1 067
5	雀巢NestleBaby	158	8 789	875 432	4 635	1 059
6	小平聊康复	127	8 553	75 126	17 799	992
7	Geek_Cao?	25	10 720	13 815	988	878
8	佚名科技	111	4 116	14 537	976	875
9	有爱正能量爱贝舒	19	1 440	11 977	6 246	818
10	杨飞	75	1 517	7 813	261	796

备注：按照抖音传播指数排名

第一章　2020年陕西省新媒体科学传播分析

在陕西省自媒体新媒体科学传播抖音传播指数排名前十的活跃账号中，超七成账号抖音指数成绩较为突出，其中"秦五粮"账号以1 203的抖音指数名列排行榜第一，"安州牧""西安市儿童医院""十月呵护"紧随其后，抖音指数分别为1 121、1 100、1 067，与第一名差距较小。

整体来看，抖音自媒体活跃账号中，科学、历史文化、医疗、母婴等账号传播影响效果较为突出，但其他账号在传播影响上存在明显不足，后期需加强与读者的互动，进一步提升用户黏性。

自媒体抖音矩阵立足于民生，满足不同群体对公共话语的需求，特色性和专业性突出，在保持粉丝黏性的同时，密切互动加速了矩阵账号的推广，引发特定人群的广泛关注，也助推了科学传播在抖音平台的科普发布力度的提升。

2. 各领域账号生产力精良，深耕内容推进矩阵升级

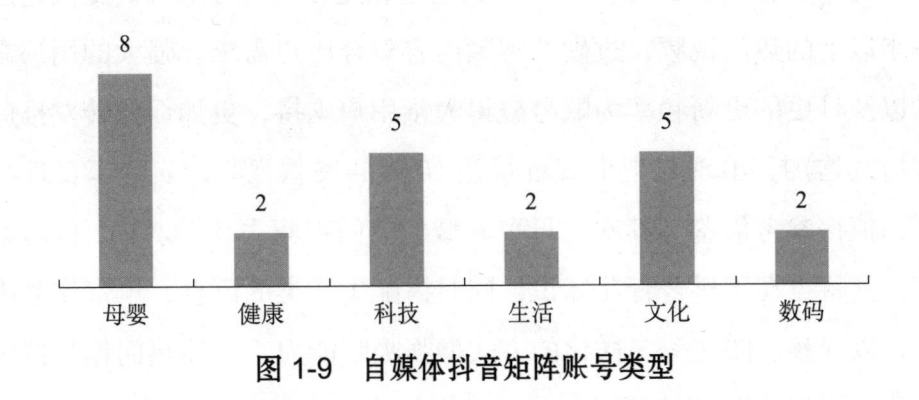

图1-9　自媒体抖音矩阵账号类型

类型	数量
母婴	8
健康	2
科技	5
生活	2
文化	5
数码	2

自媒体抖音矩阵共24个账号，分为6个类型，即母婴、健康、科技、生活、文化、数码，其中母婴领域账号最多，共有8个账号，

内容精良，运营稳定，传播效果好，极大地促进了陕西科普类抖音自媒体矩阵在母婴领域的深耕与发展。"西安市儿童医院""十月呵护"数据尤为亮眼，在8个账号中处于领先地位，长期提供热门文章，值得肯定。在文化和科技领域，抖音自媒体矩阵账号均为5个，两个领域账号分布均匀，平均用力，使得文化和科技领域的账号在阅读量和点赞量上出现追赶母婴领域账号的趋势，在拓展用户边界及深耕内容的同时，也为抖音矩阵的发展做出不少的贡献。此外，健康、生活、数码三个领域账号均为2个，起到完善整个陕西科普类自媒体抖音矩阵结构的作用，有利于拓宽矩阵的行业边界以及用户群体。但这两个领域的账号数量相较于母婴和科技领域较少，还需加强新账号的投入使用。整体来看，陕西科普类抖音自媒体矩阵结构完善，头部领域账号成绩优异，带动整体发展，同时其他领域的账号运营状况逐步加强，出现追赶的趋势，激发整个抖音矩阵的活力和生产力，赢得大众认可。

陕西科普类自媒体抖音矩阵热门视频共涉及4个领域：文化、数码、母婴、健康。首先，文化领域遥遥领先，占比61.3%，提供超过一半以上的热门视频，过硬的视频内容契合用户需求。强大的用户黏性以及日更的更新频率为账号赢得大量用户支持，更加促使转发推广量持续增加，出现几十个观看量超10万的爆款视频，实现了良性循环，值得参考借鉴。其次，母婴领域的热门视频占比36.7%，位居第二，其特点在于科普育儿知识，同时搭配生活类的讯息，丰富作品内容，以视频、图文等多样化的方式增强吸睛能力，保障热门作品持续出现，不出现断档的情况，强化自媒体抖音矩阵的各项能力。健康、数码领域热门视频较少，还需提升对账号的运营能力，研究用户喜好，逐步提升作品的各项数据。

第二章
2020年度陕西省新媒体科学传播案例分析

第一节 优质账号影响力分析

一、"陕西科技报社"影响力分析

1. 传播数据：今日头条号文章数遥遥领先，双抖音账号齐发力

表2-1 "陕西科技报社"新媒体传播数据

媒体平台	账号名称	作品数	阅读数	转发数	评论数	点赞数	传播指数
微信	水煮科技	532	137 681	—	—	233	397
微博	@陕西科技传媒	822		13	124	74	635
今日头条	陕西科技传媒	10 388	2 037 496	—	2 082	—	576
抖音	陕西科技传媒	584		13 970	1 546	37 127	1 009
	对话科学	76		320	32	942	593

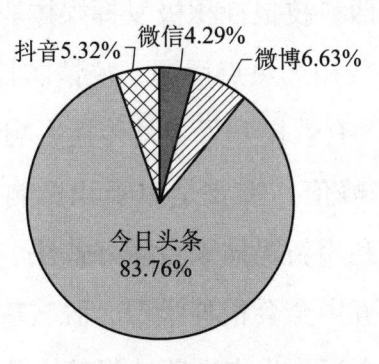

图2-1 "陕西科技报社"发文数分布

（抖音5.32%、微信4.29%、微博6.63%、今日头条83.76%）

陕西科技报社新媒体传播数据显示，今日头条"陕西科技传媒"的文章数量最多，10 388条信息，其次是微博平台822条信息，抖音平台的两个账号"陕西科技传媒"和"对话科学"视频数共计660条，微信平台"水煮科技"虽然文章数较少，但也获得了13万+阅读数。

2. 传播趋势：波动明显，2月达到传播峰值

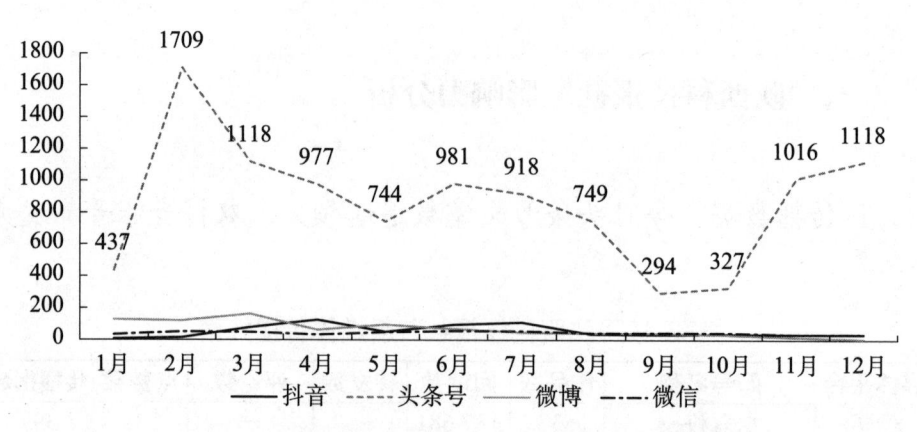

图2-2 "陕西科技报社"新媒体平台传播趋势

陕西科技报社新媒体平台传播趋势总体波动较大，今日头条传播趋势明显高于"双微一抖"。在2月份达到传播峰值，主要是由于正处于疫情暴发期，陕西科技报社积极发挥媒体职能，实时跟进报道疫情相关信息，疫情科普相关热点话题，疫情防控相关话题数据量占2月总数据量的64.2%，有效提升了当月传播影响力。

12月份达到第二峰值，主要是由于积极响应国家政策号召，配合各地方重点工作，利用新媒体平台做好普法、科技创新、农业农产品大会、党的十九届五中全会精神学习、脱贫攻坚、扫黑除恶专项斗争、相约西安·筑梦全运、生态文明建设等宣传。

第二章　2020年度陕西省新媒体科学传播案例分析

陕西科技报社运用灵活多样的新媒体方式和网民喜闻乐见的文风语言传递党和政府的声音，发布权威信息，有效提升了陕西科技报新媒体影响力。

3.传播内容："疫情+脱贫"是基层政宣主基调，奋力实现共战双赢

图2-3　"陕西科技报社"网络传播词云图

疫情+脱贫：陕西科技报社在战"疫"宣传中，采用图文、动漫、微视频等多种表现形式将战"疫"一线情况呈现在全国民众眼前，并结合前沿技术制作"疫情地图""疫情时间轴"等，用可视化的表现形式帮助群众更清楚地了解疫情进展，理解战"疫"现状。值得注意的是，通过抖音等平台推出用本地方言讲述有关疫情预防的短视频，这种方式喜

闻乐见,不仅提升传播意识,还增强了传播能力。另外,陕西科技报社还以脱贫培训、科普惠农、致富信息等专题助力脱贫攻坚,联动宣传的聚合力扩大覆盖面。

科技综合:陕西科技报社结合"科技之春"专题、"一带一路"西部康复医学高峰论坛、"智惠安康"富硒产业发展论坛等各类政策、科技资讯及学术交流会,注重发挥科技报社的媒体职能作用。此外,深入宣传"科学战疫 我在行动"科普文艺创作征集活动、"宣传民法典 新城律师在行动"等系列科技专题活动,带动全民科学素质的整体提升。

智慧生活:《对话科学》栏目是一档科普类系列访谈直播节目,内容包含健康科普、传统文化科普、环保科普、生活科普、职业科普等,如《什么是"鬼剃头"》《探秘积业文物修复师》。节目向群众普及了文明健康、科技卫生等方面的知识,让科普走进生活,打造出浓厚的科学氛围。

二、"陕西省科普宣传教育中心"影响力分析

1. 传播数据:微博发文数首屈一指,抖音互动达顶级

表2-2　陕西省科普宣传教育中心新媒体传播数据

平台	帐号名称	作品数	阅读数	转发数	评论数	点赞数	传播指数
微信	陕西科普	729	399 118	—	—	832	523

第二章　2020年度陕西省新媒体科学传播案例分析

续表

平台	帐号名称	作品数	阅读数	转发数	评论数	点赞数	传播指数
微博	@陕西科普V	4 165	—	3 267	2 085	8 627	1 289
今日头条	陕西科普	1 330	3 074 156		1 848		586
抖音	陕西科普	337	—	432 817	584 083	9 493 294	1 356

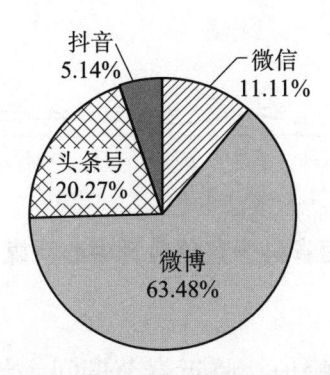

图2-4　陕西省科普宣传教育中心发文数分布

陕西省科普宣传教育中心新媒体矩阵以微博为主，发文4 165篇，传播指数1 289，其传播科普知识、提供科普服务等，充分利用了微博"裂变效应"传播科协声音。今日头条号以1 330篇发文数居于第二，收获307万+阅读量。虽然抖音平台视频数最少，为337，传播指数为1 356，但互动数（转评赞）为1 051万+。

2. 传播趋势：以疫情防控为主，善于搭载热点话题

陕西省科普宣传教育中心新媒体平台传播趋势总体波动较大，微博平台传播数据高于其他平台。2月份达到第一次传播峰值，"陕西

科普"各媒体平台仍然以疫情防控相关热点话题为主，科普与疫情相关的知识，振奋民众信心，其中疫情防控相关话题数据量占2月总数据量的88%。微博平台结合"科普小知识""陕西科普""陕西防控新冠肺炎"等热点话题进一步扩大宣传影响力。

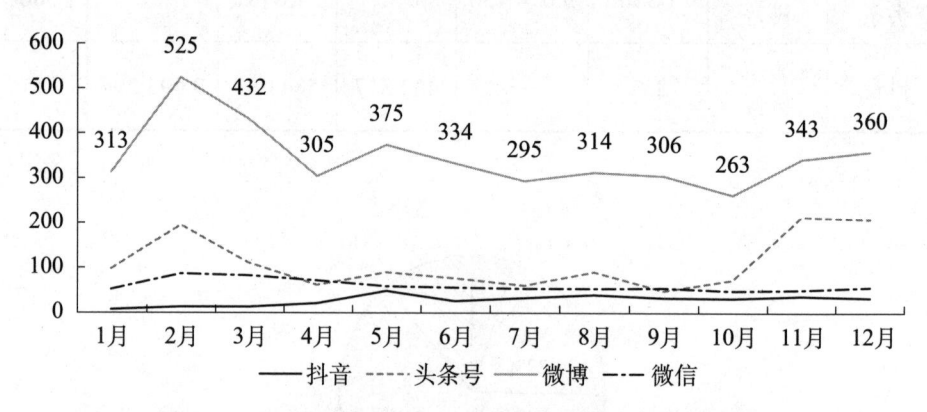

图2-5 陕西省科普宣传教育中心新媒体传播趋势

12月份达到第二次峰值。临近春节期间，各地疫情出现反弹迹象，"陕西科普"在播报疫情信息的同时，仍以科学知识普及为主，如《中国首个mRNA新冠疫苗生产车间奠基—期可年产1.2亿剂》《"饭后散步"指的是饭后过多久》《离家更近了！"20秒回顾嫦娥五号第二次月地转移入射"过程》等，充分发挥宣教中心的优势，对各领域做了专业且通俗易懂的解读，不仅向公众普及了相关科学知识，且及时粉碎了谣言，疫情期间在一定程度上遏制了民众恐慌情绪的扩散。

3. 传播内容："科普大餐"强势引流，知识性与趣味性兼具

陕西省科普宣传教育中心发布内容涵盖科学百科、前沿技术、健康医疗、食品安全、保障安全、航空航天、信息科技、节能环保、地

第二章 2020年度陕西省新媒体科学传播案例分析

质生态、防灾减灾、气候环境、应急避险等与公众生产生活密切相关的图文和视频科普知识,精准为公众提供"科普大餐"。内容具有科学性、知识性、趣味性和实用性,可以帮助受众群体,尤其是青少年群体更好地了解科学知识和文化,提升科学传播效率。

图 2-6 陕西省科普宣传教育中心词云图

值得关注的是,"陕西科普"利用新媒体平台为科协系统主办的各类赛事,如"科技工作者创新创业大赛""陕西首届少儿科普讲解大赛"等,做了大量宣传。

三、"十月呵护"自媒体影响力分析

1. 传播数据:公众号是内容建设的中心环节,朋友圈成私域流量的入口

"十月呵护"微信公众号传播指数1 133、发文数1 265、阅读数

1 286 万+，均雄踞冠军之位。文章阅读总数在一定程度上反映了用户对公众号的关注程度，是公众号长期稳定发展的重要基础，显现出了强劲的运营实力。不同于微信公众号基于粉丝的推送方式，抖音和头条则采用了基于兴趣的智能分发机制，抖音平台紧追其后，传播指数 1 067，视频数 610。其热门文章内容主要涉及母婴育儿、亲子教育、家庭亲情等方面，"十月呵护"等母婴领域大号之所以运营成功，最根本的原因在于高质量的内容引起受众的共鸣，能促使粉丝主动分享、收藏、转发。

表2-3 "十月呵护"自媒体传播数据

微信	文章数	阅读数	点赞数	在看数	最大阅读	头条阅读	WCI
	1 265	12 863 444	16 296	32 426	100 001	9 349 730	1 133
微博	发博数	粉丝数	原创数	转发数	评论数	点赞数	BCI
	61	1 006 492	61	198	82	268	763
今日头条	发文数	阅读数	评论数	篇均阅读	篇均评论	TGI	—
	371	3 037 137	3 492	8 186	9	813	—
抖音	视频数	评论数	点赞数	分享量	抖音指数	—	—
	610	12 039	167 326	29 705	1 067	—	—

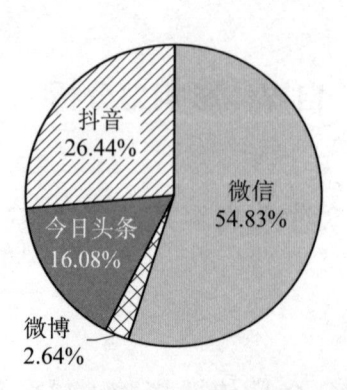

图2-7 "十月呵护"自媒体发文数分布

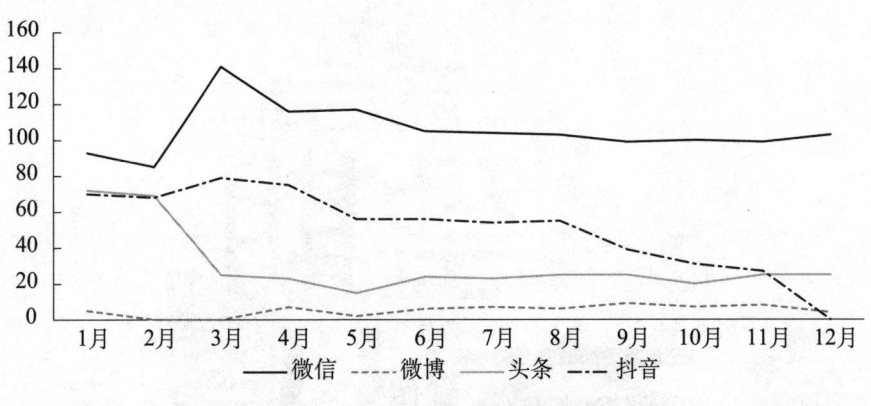

2. 传播趋势：多渠道组合，全面覆盖，精确触达

图 2-8 "十月呵护"自媒体传播趋势

"十月呵护"自媒体传播趋势各平台较为平缓，微信平台3月份发文量逐渐攀升，达到141篇，其他时间段发文数趋于平稳；抖音平台呈现逐渐下降趋势，但整体表现稳定；今日头条与微信两者在内容发布数量、传播量上呈现不同的趋势特点，形成了优势互补；微博平台发文数最少。从母婴类公众号一周发文分布来看，周一到周五是发文高产时间段，尤其是周五，发文量达到高峰，周末发文量锐减，基本与工作时间相吻合。

多元化的内容平台承载着体量庞大、形式多样的资讯，这其中短视频正以内容生动、传播迅速、触达精准等优势赢得读者的广泛青睐。该账号主要围绕科普活动，结合实际，广泛开展群众性和社会性科普宣传，阐述正确育儿的方式，澄清育儿误区。短视频、直播、图文等具备互动性内容提升了真实性和共鸣感，因此也更能够获取用户群体的信任。

3. 传播特点：精准渠道＋有效内容＝知名度＋覆盖率＋传播率

图 2-9 "十月呵护"网络传播词云图

"十月呵护"自媒体深耕母婴健康内容与服务，想用户所想，全域布局，结合自身母婴健康的内容属性，深度研究消费者喜好和产品优势，深入挖掘内容，带动用户参与到"内容＋活动＋种草＋交易"的健康生态中去，让生活健康，让健康陪伴，构建更加完善权威的母婴科学生态内容。

纵观"十月呵护"自媒体账号内容，育儿类科普知识及故事类宣传是其在各新媒体平台传播的两大类主要内容。有关婴儿营养健康话题比重最大，且信息较为丰富全面，内容主要分为四个部分：日常饮食、疾病、生长发育与健康、饮食禁忌。而孕期护理话题内容按照怀孕的阶段来划分，内容细分化，为用户打造 360 度孕期呵护。从饮食营养、孕期知识、同龄圈交流等多方面提升用户黏性，告别"泛受众"时代。

第二章　2020年度陕西省新媒体科学传播案例分析

第二节　传播亮点分析

陕西省新媒体科学传播打破了传统媒体互动性差的壁垒，其传播手段是多元的，有单向的、多向的、单发的、群发的、互动的，还有群体互动的。陕西省科协系统及自媒体优质内容和账号积极创新内容生产模式，再造生产流程，丰富表达方式，不断提升陕西省新媒体科学传播的传播力、引导力、影响力、公信力。

一、疫情主题宣传表现亮眼

陕西省科协系统与自媒体协同发力，紧密围绕疫情防控开展主题宣传，打响全民科普的舆论攻坚战，全面提升抗疫信心。其中，以陕西科技传媒、陕西科普为代表的一批主流账号持续推送科普文章，制作科普视频、长图漫画，从"专家说防控"到"漫画话病毒"，开展全方位、多层次、广覆盖的应急科普宣传，有效助力全省疫情防控工作。以"十月呵护""秦五粮"为代表的一批自媒体账号紧跟疫情热点话题，通过医护人员以及相关领域专家细致入微的科普讲解，引导公众在防控常态化下科学应对疫情。同时，各平台账号依据全国疫情变化，及时推送疫情防控信息，适时调整应急科普工作内容和方式，从心理疏导、冷链传播、春节防疫、科学辟谣、疫苗接种等方面开展宣传，确保"疫情不解除，科普不掉线"。但在疫情后期阶段，各平台也存在内容同质化、话题单一等问题，尤其是自媒体在回归疫情常态化阶段，科普内容质量参差不齐，导致阅读量、转发量增长受限。

二、各平台传播形式多元化，优势互补

陕西省新媒体科学传播积极整合微信、微博、抖音、头条号等各平台资源，搭建全省科学传播矩阵，切实为科技工作者服务、为创新驱动发展服务、为提高全民科学素质服务、为党和政府科学决策服务。陕西科技报社作为陕西省科协的科普宣传前沿阵地，形成了微信、微博、头条号、抖音新媒体矩阵，拥有粉丝近百万，在全省科普信息化传播中发挥着引领作用。各地市科协新媒体充分挖掘本地民众关切热点，紧贴微信、微博、头条号、抖音的传播规律，策划推出富有创新性、趣味性内容，将科普知识、科学热点的话题充分延展，并在标题和呈现形式上推陈出新，引流效果显著。自媒体各展所长，各尽其力，扩大主流宣传覆盖面，以图解、问答等多种形式为推送手段，对传播科学思想、普及科学方法、倡导科学生活发挥了重要作用。但具体来看，各平台仍有部分账号内容发布不及时，也有一些账号原创力不足，转发内容占据较大比重，影响了矩阵总体影响力的提升。

三、强化话题互动，寓教于乐

近年来，科学话题热度持续高涨，陕西省科协系统和自媒体借助新兴媒体平台的互动优势，持续深挖舆论关切的热点话题，既实现了科学知识的广泛普及，又切实提高了社会参与的广度和深度。例如，全省各级科协、学会、科技馆等围绕医药、体育、农业、航空、电子等重点领域，将晦涩难懂的专业知识进行简化转换，开设"趣味实验室"专栏，

以直观、接地气的方式传播科学知识，寓教于乐，吸引网民互动点赞。

加强新媒体对科学知识的专业化输出。例如疫情期间，陕西省科协系统新媒体灵活运用群众喜闻乐见、通俗易懂的宣传手段，持续倡导文明健康、绿色环保的生活方式，保持乐观心态、合理膳食、使用公筷、科学就医等，引导公众主动在权威渠道获取防疫知识，进一步提升民众的科学素养。但从整体来看，仍有部分账号发布的内容趣味性不足，深度性不够，未针对一些专业重点领域进行深耕，无法带动读者进行科学思考，单一化的知识输入导致覆盖人群较窄，话题互动性也有待进一步加强。

四、趣味性阅读助推传播

新媒体文章内容的趣味性不仅是其实现自我价值的重要前提，更是将陕西省科学传播品牌价值全面提升的新手段、新路径。只有着力加强新媒体科学文化知识内容的趣味性，才能进一步激发广大民众对于科学知识内容的渴望，才能逐步推动陕西省科学传播的繁荣发展。鼓励公众对科学知识产生兴趣是促进科学传播的主要方式之一，内容的趣味性将在一定程度上影响着该账号的发展以及相关科学信息的传播度、影响效果。公众往往更倾向于接受形式多样、生动活泼的科学内容，反之，对部分语言枯燥、难以理解的科学内容往往很难产生阅读兴趣。陕西省科学传播优质文章内容具有较高的趣味性，可以很好地把握大多数读者的阅读兴趣，从而在实现自身媒体传播价值的同时有效地发展了科学传播。

陕西省新媒体科学传播内容的更新以充分调研为前提，了解用户兴趣点,以"有趣、实用、大众化"为目的,吸引更多粉丝的关注。如"陕西科普"以短视频形式发布科普小知识,内容涵盖医学类、生活类、自然科学类、人文社会科学类等各种科学知识,视频内容广泛有趣,浅易亲民,紧密结合热点且充满正能量。此外,通过在微博、微信公众号、今日头条、抖音等新媒体平台开设账号,及时推送相关文章,第一时间传达党和政府的政策,同时还为公众传播科普知识,从信息源头提升内容质量,追求精品科普资源推送,起到外树形象、内聚人心的重要作用,为切实提高公民科学素质做出了积极贡献。

五、借热点、焦点传播科学价值观,打造立体化科学传播新机制

自媒体账号的内容质量越高,就越容易得到用户的认可。公共突发事件往往由于其重大的社会影响力知识普及就非常容易受到大众关注。相关的知识普及文章既能提高用户对突发事件的认知、增强公众应对突发事件的防范意识和科学知识技能,提高了解和参与科学传播的积极性和主动性,完善传播闭环,达到科学信息传播目的,又能给用户留下较深的印象,提升媒介影响力。故在某一热点发生初期,一篇文章如果能够把握好热点事件,并以此事件为基础因势利导,就能够从与众不同的角度对此事件进行阐释,或提出观点,或做出评价,或提供相关资讯,这样的文章得到高阅读量和点赞量的可能性就会大一些。

陕西省科学传播自媒体内容紧扣时下热点,注重科普知识的输

第二章　2020年度陕西省新媒体科学传播案例分析

出,用清晰的脉络、客观的事实和专业的知识对该事件进行科学理性的分析。借此之势,不但达到了知识普及的目的,而且还传播了正确的价值观。如科技数码类账号以华为 Mate40 发布会为切入点,向用户进行相关手机数码知识科普,一方面满足了用户对内容的传播需求,另一方面也借助该话题所带来的热点之势,提升了自媒体账号的传播影响力,且向用户传达了正确的价值导向。

第三节　优质文章分析

一、话题独特定位,创新互动模式

表2-4　陕西省科协系统微信热门文章TOP20

序号	微信公众号	文章标题	阅读量	点赞数	在看数
1	西安科普	西安市全体居民注意:第28届"科技之春"宣传月之防疫复工复产专题科普活动即将开始!	99 125	12	1 136
2	西安科普	活动|西安市第28届"科技之春"宣传月之防疫复工复产专题科普活动开始啦!	48 937	10	346
3	科普临渭	快来向给予您帮助的科技工作者投票吧!	33 119	24	535
4	水煮科技	为什么疫情来了,人却不感冒了?	28 139	10	116
5	陕西省天然药物学会	不出门,开始投票啦!(科普组一)	19 771	8	68
6	西安科普	活动|西安市第28届"科技之春"宣传月之防疫复工复产专题科普活动开始啦!	15 335	3	120

续表

序号	微信公众号	文章标题	阅读量	点赞数	在看数
7	西安科普	活动｜西安市第28届"科技之春"宣传月之防疫复工复产专题科普活动开始啦！	13 386	3	103
8	汉中科普	【专家讲科普】张玲：管住嘴，迈开腿，别让血压把你毁	12 895	1	560
9	汉中科普	快收好！国家家庭居民应急物资储备清单公布了！	11 929	1	197
10	西安科普	北京新增27例！要断粮了？世卫组织不认为北京疫情失去控制……	10 702	3	24
11	陕西科普	陕西新增外省协查密切接触者131人！五一出游一定要注意！	10 279	2	27
12	汉中科普	香椿炒鸡蛋引发大抢救！医生呼吁：请把这个病例转发提醒所有人！	9 678	5	124
13	榆林科普	榆林市教育局通知	8 244	3	25
14	汉中科普	茶叶在人体里到底在干吗，有人给你画出来了	7 542	105	122
15	陕西省天然药物学会	不出门，开始投票啦！（专业组）	7 204	2	27
16	西安科普	张文宏提示：五一旅游"最危险的地方"是……	7 200	2	40
17	西安科普	活动：西安市第28届"科技之春"宣传月之防疫复工复产专题科普活动开始啦！	7 135	7	49
18	汉中科普	我老公985博、我985硕，我们儿子是学渣，但我为他感到骄傲！（写给天下的父母们）	6 859	184	292
19	陕西科普	陕西新增6名密切接触者！不敢相信！14.7%猫已感染新冠病毒？还会传染人？	6 833	7	28
20	西安科普	聊天记录别随便删！新规定自5月1日起实施	6 747	5	15

备注：按照阅读量排名

陕西省科协系统微信推文深耕科学技术领域，信息识别度较高，且善于结合热点借势传播。热门推文TOP20主要源于"西安科普""科普临渭""水煮科技""陕西省天然药物学会""汉中科普""陕西科普"5个账号,其中"西安科普"信息输送密集,以8篇上榜的热文位居第一梯队,"水煮科技"贡献1篇热文。

防疫复工科普活动类爆款推文占了5篇,斩获阅读量18万+。防疫复工有奖竞答、万元现金红包奖品活动形式吸引用户积极参与答题,该活动从内容到形式以灵活多样化地开展线上政策宣传为主,调动用户兴趣,收效颇佳。此外,"水煮科技"携科普推文《为什么疫情来了,人却不感冒了?》为用户答疑解惑,收获了良好传播效果。疫情热点动态播报及政策解读等类型推文同样成为用户关注焦点。

综合来看,各账号之间内容相互补充配合,丰富了政策资讯内容,也形成了内部传播合力。在主题策划方面,深耕科技资讯,内容发布紧紧围绕疫情科普、防疫复工,既传播了科普知识,又在一定程度上增强了与网民的互动,使得阅读数、在看数等互动性指标大幅攀升。在表现形式上,利用活动征集、视频、动图等多样形式不断增强内容的吸引力和趣味性,硬性宣传的特征有所淡化。

二、权威发布减缓焦虑,凝聚力量战疫决心

表2-5 陕西省科协系统微博热门文章TOP10

序号	微博昵称	内容	转发数	评论数	点赞数
1	@陕西科普V	"陕西科普""科普小知识""防控肺炎陕西在行动""共同战疫"健康心态是预防新型冠状病毒肺炎的"心理口罩",在这场疫情防控战里,特别需要大家尽快调节自己的心理状态,把孤独和无助等负面情绪降下来	1 891	1 581	5 422

续表

序号	微博昵称	内容	转发数	评论数	点赞数
2	@陕西科普V	"陕西科普""科普小知识""陕西防控新型肺炎"【送别,李文亮医生于2月7日凌晨2点58分去世】	6	142	1 240
3	@陕西科普V	"陕西科普"【帕梅拉瘦腿操】一首歌的时间甩掉腿上的肉!每天跟着练起来 @生命时报 全球健身中心的微博视频	76	8	112
4	@陕西科普V	"陕西科普""科普小知识"【高晓松清华大学演讲,告诉你5G是什么!】这可能是5G和区块链垂直应用讲的最好的一个!	94	14	34
5	@陕西科普V	"陕西科普"史上最全实用打结合集,拖车结、接绳结还有紧急逃生结,赶紧码了! @科普中国 @泉城科普	66	5	23
6	@陕西科普V	"科普小知识""陕西科普""陕西防控新型肺炎"【口罩挡不住微笑 隔离隔不断希望】	22	24	44
7	@陕西科普V	"陕西科普"【世界罕见!"七蒂睡莲"奇观你见过吗?】7月9日上午,广州番禺莲花山旅游区莲花仙境内发现一朵盛开的七蒂睡莲奇观!	54	3	24
8	@陕西科技传媒	陕西科技报"对话科学"第九期,细胞科技 重塑生命 @陕西科技传媒的微博直播	0	60	2
9	@陕西科普V	"陕西科普""科普小知识""陕西防控新型肺炎"【转存视频!"李现教你如何节约口罩"】@李现ing:普通民众佩戴的医用外科口罩,在正确摘取保存后,可以进行二次使用。	10	18	29
10	@陕西科普V	"陕西防控新型肺炎""科普小知识""陕西科普""科技之春 科普战疫""科普战疫 我在行动""科普战疫·全民行动"【"耿爽引用投我以木桃报之以琼瑶":我们永远不会忘记"79个国家和10个国际组织为中国提供援助"】	7	0	49

备注:按照互动数(转发数+评论数+点赞数)排名

陕西省科协系统微博热门文章中，@陕西科普Ｖ携9篇热文占领强势地位，@陕西科技传媒1篇。热文内容有5篇涉及疫情防控相关信息，其中包含疫情数据实时报道、民众心理情绪辅导减缓焦虑、李文亮感染新冠肺炎去世、防疫科普——口罩的正确使用方法、科普战疫·全民行动——暖心援助等，以权威之声，公开疫情信息，以责任之心快速回应社会关注，联动系统微博共同发声。同时，高频发布疫情信息和防控举措，体现了微博在疫情信息公开方面的尝试与探索。

此外，科普性文章还有健身操、5G和区块链垂直应用、各种打结合集、罕见七蒂睡莲奇观等社会热点话题依旧广受青睐，以接地气的宣传方式聚集人气，也进一步扩大了微博传播范围。

官博巧妙地运用热点信息，以"蹭热度"提升关注度和话题度的方法，容易给人留下深刻印象和体验，有助于提高用户好感度和黏性，最终实现内容定向传输的目的。

三、高度聚焦政宣科普相关议题，彰显基层服务使命

表2-6　陕西省科协系统今日头条热门文章TOP20

序号	名称	标题	阅读数	评论数
1	渭南科普	陕西连续10天：0！11例遗体解剖结果发布，30个最新判断！西安市规上工业企业100%复工！还有1个好消息！	297 933	147
2	渭南科普	导致尼克松下台的"水门事件"，比想象的更黑暗……	180 800	128
3	韩城市科学技术协会	陕西西安：2月21日起，市内公交线路全面正常运营　所有客运班线启动恢复运营	48 861	102

2020年度陕西省新媒体科学传播蓝皮书

续表

序号	名称	标题	阅读数	评论数
4	渭南科普	马德：好好活着 活过一切歧视、欺侮、不公和厄运	28 857	268
5	陕西科技传媒	高考不要吃这些犯困的食物	22 908	8
6	陕西科技传媒	榆林市教育局就春季开学延迟等情况采取新举措	22 798	6
7	渭南科普	生抽、老抽、酱油、味极鲜，到底有什么区别？总算弄清楚了……	21 244	26
8	陕西金盾	税务局长的19年冤案	21 030	27
9	渭南科普	陕西连续4天：0！新冠病毒检测试剂盒上市！返岗复工你关心的工资、社保、劳动合同问题，权威回应！	20 495	2
10	陕西科技传媒	陕西中医药大学附属医院"参花解毒汤"——新冠肺炎预防推荐方	18 112	9
11	陕西科技传媒	陕西举行第四场新冠肺炎防控工作新闻发布会｜复工后落实落细防控措施和服务保障措施	18 112	9
12	陕西科技传媒	榆林教育局：全市学校推迟开学 具体时间另行通知	17 342	7
13	渭南科普	高考推迟？学生返校要隔离？刚刚，教育部最新回应来了…	17 190	1
14	陕西科技传媒	咸阳人民路街道：15个便民蔬菜服务点 解决居民买菜难	16 385	42
15	渭南科普	漫画话病毒｜是时候回顾一下非典了	15 879	34
16	陕西科技传媒	榆林市三家事业单位被列入异常名录	15 088	2
17	陕西科技传媒	清涧发布最严通告：凡机关干部上街聚餐 一经发现严肃处理	14 774	20
18	陕西科技传媒	陕西第23场新冠肺炎疫情防控新闻发布会——省委一号文件30条措施补"三农"短板	14 751	1
19	渭南科普	这6种抗"疫"中成药，你使用对了吗	14 350	23
20	陕西科技传媒	榆林利梅诊所医护人员已全部解除隔离 恢复正常工作生活	13 989	41

备注：按照阅读数排名

第二章 2020年度陕西省新媒体科学传播案例分析

陕西省科协系统今日头条热门文章阅读量全部过万,其中"渭南科普"以一篇防疫科普文章荣登今日头条热文榜首,文章不仅实时公布疫情数据,而且科普疫情具体传播途径、方式、症状等,获得阅读量近30万的好成绩。同时还结合热门"水门事件"的解读,吸引流量,获得18万+的阅读量。

此外,"陕西科技传媒"文章数占今日头条热文榜的一半。高考资讯、食物科普、延迟开学通知、疫情预防科普、复工与疫情保障、地方企事业单位动态等通知、公告、政策宣讲均占据热文榜。运营实力比较突出,内容形式较为多元,同时立足账号服务性,大力宣传科普文化,为用户提供实用性信息,吸引了不少流量。

今日头条热门文章榜单以最高阅读量为基准,挖掘用户感兴趣的文章类型和表现形式,因此,陕西省科协系统新媒体矩阵在日后的发文中需契合用户的兴趣点,以热点结合多元化的传播方式,增强文章的可读性和传播力,彰显科协的服务属性。

四、视频汇集用户多面需求,多元视角呈现趣味科普

表2-7 陕西省科协系统抖音热门视频TOPT20

序号	抖音账号	标题	评论	喜欢	分享
1	陕西科普	中国人零到一百岁的模样、中国人、年龄、外貌	229 564	2 806 202	161 376
2	陕西科普	这声音有没有让你想起星球大战、冰块、读出新知	34 983	1 510 226	5 128
3	陕西科普	揭秘神奇的摩斯密码、读出新知、都是知识点	14 032	558 206	36 720
4	陕西科普	看我给你们变个魔术、小蝌蚪、动物	4 911	440 197	58 815

续表

序号	抖音账号	标题	评论	喜欢	分享
5	陕西科普	夏天到了，该为冬天做点儿准备了，自救技能科普、自救、有用的知识	15 271	433 127	16 658
6	陕西科普	都是知识点、读出新知、你有没有幻想过？穿过地心是什么样的体验	7 715	449 677	3 882
7	陕西科普	古代的铜镜并不是我们在影视剧中看到的样子冷知识、铜镜、后宫	40 014	333 733	6 612
8	陕西科普	古人什么样的智慧，才创造出了如粗精巧的机关、科普	8 763	321 678	12 209
9	陕西科普	20 000 瓦的灯泡有亮"瞎"你的眼吗、读出新知	35 629	194 215	3 359
10	陕西科普	水滴是直接融入下面的水吗、都是知识点	6 465	203 992	5 448
11	陕西科普	华北为1、东北为2、华东为3、中南为4、西南为5、西北为6、有身份的人	34 114	151 244	6 852
12	陕西科普	疫苗研发成功的周期长，要动物实验、临床试验，两三个月根本不可能成功——科技之春	45	175 470	3 154
13	陕西科普	宇宙中的恐怖行星——恐怖—行星—宇宙	1 696	160 871	699
14	陕西科技传媒	13集——宝鸡人民夹道欢迎援鄂医护人员凯旋，向英雄致敬！	56	155 223	93
15	陕西科普	胫骨粉碎性骨折手术—科普	19 444	128 190	4 710
16	陕西科普	别看它外表可爱，但却是杀伤力最强的猫咪——都是知识点	7 625	124 350	335
17	陕西科普	子弹的工作原理、视频素材来源于网络、youtube	220	130 128	3 020
18	陕西科普	听说，最近又开始流行单眼皮了？原装的应该才是最美的	10 035	82 563	6 484
19	陕西科普	3种不同的解锁方法——锁@趣味科普、@西凤酒馆	14 595	82 206	5 980
20	陕西科普	AK-47的工作原理：ak —科普	3 260	78 420	5 036

备注：按照互动数（评论＋喜欢＋分享）排名

第二章　2020年度陕西省新媒体科学传播案例分析

抖音上全民参与、视频展示的特点与微信公众号、微博、今日头条等平台对科技、科普的宣传报道有着显著区别。"陕西科普"占领陕西省科协抖音热门视频 19 席位置，可见"陕西科普"抖音号的运营能力。

"从 0—100 岁的模样"热门视频荣登榜首，集内涵与颜值于一体，引起网友情感共鸣并积极参与游戏，回顾自己的人生故事，引发广泛转发和点赞等，由于抖音平台"听觉+视觉"感官刺激的特点，易形成用户规模爆炸式增长。

五、优质文章集中头部账号，生活资讯触发网民情感

表 2-8　自媒体微信热门推文 TOP20

序号	公众号	标题	阅读数	点赞数
1	十月呵护	真实拍摄剖宫产全过程！开刀只是遭罪的开始，没有一个妈妈能笑着看完	100 001	631
2	十月呵护	真实一旦有了性生活，不论男女都应该接种这款防癌疫苗	100 001	374
3	十月呵护	广东 1 岁女婴竟患上肾结石，只因妈妈每天给她吃这个，很多家长都爱这样做	100 001	248
4	十月呵护	广东一 3 岁女童被家长喂成痛风！这种食物家家都有，千万别给宝宝吃	100 001	247
5	十月呵护	3D 实图还原女性分娩全过程，没有一个妈妈能笑着看完	86 648	326
6	十月呵护	广州八个月孕妇产检后跳楼身亡！每位做完孕检的孕妈，都要知道这 4 件事	78 842	97
7	十月呵护	39 岁 Ella "直播生子"，3.3 亿人泪目！请别再用"为你好"当作生孩子的借口	76 469	107
8	十月呵护	广州 3 岁女童剪掉弟弟小"鸡鸡"！我宁愿你不喜欢孩子，也别这样逗孩子	74 011	260

续表

序号	公众号	标题	阅读数	点赞数
9	十月呵护	1岁孩子长满肾结石！全因家长天天给娃吃这个，还在喂的赶紧停	73 970	68
10	十月呵护	湖南30名孩子因吃这种食品，终生呆傻！很多老人喜欢给孩子喂，快扔了	72 148	46
11	十月呵护	不推荐女性顺产的6个理由，顺产再好，你也别选	72 033	100
12	十月呵护	央视提醒：这些玩具都是新型毒品，上瘾只要1分钟，孩子一定要远离	71 847	295
13	十月呵护	这8款宝宝霜千万别买！被查出偷加激素，长期使用孩子过早停止发育	68 249	65
14	十月呵护	我裤子都脱了，老公却说没性趣！男人不按这个数交公粮，一定有猫腻	66 393	94
15	十月呵护	孩子爱玩小"鸡鸡"、频繁自慰，都和家长晚上最爱"做"的这件事有关	65 734	92
16	十月呵护	一旦有了性生活，所有女人都该给子宫洗个澡	65 506	642
17	十月呵护	浙江男童吃橘子被炸伤右眼，险些失明！这3个伤娃冷知识家长必须知道	63 008	174
18	十月呵护	贵州一女童因它患了白血病，家里有这款婴儿用具的，赶快扔，有毒	62 843	139
19	十月呵护	专家建议放开三胎！无数妈妈：就算放开十胎，也要先把女人最重要的东西还给我们	61 612	132
20	十月呵护	紧急通知：身份证是2013—2020年出生的孩子要注意了，家长再忙也要看一下	61 517	14

备注：按照阅读数排名

　　陕西省自媒体科学传播微信矩阵热门推文TOP20主要来源于"十月呵护"这一账号，该账号主要以科普育儿知识为主，内容优质，具有很强的吸引力。其中，有4篇文章阅读量达10万+，其余上榜文章的阅读量也都超5万。

　　陕西省自媒体科学传播紧跟热点进行科普，利用引人注目的标题和优质的科普内容增加账号吸引力,注重以科学导向提升话题互动性。各账号深耕不同领域,传递最新资讯信息,内容主题明确,差异化显著。其中,头部账号的爆款文章话题覆盖面广,有力提升了信息及平台矩阵的整体影响力,也带动了科协系统除权威信息发布外的话题领域不断延伸。尤其是在疫情期间,各账号活跃度高,内容创新有所增强,带动了整体内容质与量的提高。值得注意的是,陕西省自媒体科学传播微信矩阵中的其他账号并未有文章登上TOP20,自媒体微信矩阵的持续提升能力受限。

六、手机品牌类信息含量较多,内容表现形式多元

表2-9　自媒体微博热门文章TOP20

序号	微博昵称	内容	转发数	评论数	点赞数
1	@极客萝卜	"烂大街"这个词,含有一定的贬义	2 905	3 318	141 855
2	@Geek_Cao	完了～9点了。苹果美国官网Newsroom、美国官网、中国官网都没刷新出来信息	407	8 879	12 391
3	@IT魅力	可口可乐和百事可乐喝哪个	541	1 033	90 429
4	@IT魅力	你最讨厌哪个手机品牌?为什么?	133	1 014	50 346
5	@Geek_Cao	上次国产手机系统投票已经过去半年了,半年时间大家都对系统进行了不少大更新,那么现在再来问问,主流国产手机的操作系统,哪家最棒?	391	943	33 680
6	@溪溪大人	我出生那年,邓爷爷说,学电脑要从娃娃抓起,于是我们这一代人就此赶上了电脑潮	4 299	1 499	28 246

2020年度陕西省新媒体科学传播蓝皮书

续表

序号	微博昵称	内容	转发数	评论数	点赞数
7	@Geek_Cao	现在很多手机的语音助手做得都很有特色	382	616	32 290
8	@Geek_Cao	"拯救剁手党计划"给大家送一台手机怎么样?	19 100	7 277	6 041
9	@IT魅力	三星、华为、iPhone、OPPO、vivo、小米、魅族和一加,你最喜欢哪个品牌的操作系统?	163	320	26 834
10	@Geek_Cao	续上续上!"全民添福官"给你们"2 021添福新愿"了!关注 转发,送个自用的手机	15 839	5 022	4 499
11	@溪溪大人	"武汉高校学生宿舍被征用"刚刷NGA才知道这事,我是没想到学生群体中居然有如此激烈的反对情绪	663	516	21 852
12	@IT魅力	四个版本的iPhone12,你会选择哪一个?	156	152	22 506
13	@于赓哲	咸阳的雨大到什么地步呢,一个女的,买了一条大活鱼,用绳子牵着活鱼,遛着回家了	7 196	110	12 056
14	@IT魅力	汕头飞机,辽宁舰,感觉有大事要发生	812	2 538	14 867
15	@IT魅力	iPhone12的边框要回归平整立体设计,你们喜欢手机边框是圆弧还是立体的?	15	63	16 564
16	@极客萝卜	近期iPhone12ProMax的DXOMARK得分出炉	192	436	1 594
17	@王朝的废墟	nasa据说今天是地球重力日	222	1 003	14 943
18	@极客萝卜	虽然现在都2020年了,但在不少人心中,对手机的第一印象还停留在口头传播上	184	397	14 189

第二章　2020年度陕西省新媒体科学传播案例分析

续表

序号	微博昵称	内容	转发数	评论数	点赞数
19	@于赓哲	敬告：今后尽量减少发博数量，数月前私信已经关闭，各种艾特已经关闭提示	1 985	275	9 569
20	@于赓哲	好消息，好消息，宜家在西安第二家连锁店的七百座古墓发掘完毕，工地现已移交给宜家	2 404	111	8 886

备注：按照互动数（转发数＋评论数＋点赞数）排名

陕西省自媒体科学传播微博矩阵热门文章 TOP20 榜单中，@极客萝卜、@Geek_Cao、@IT 魅力 3 个账号表现亮眼。排行第一热门博文由 @极客萝卜账号发布，该账号也另有 2 篇博文登上热门微博 TOP20 榜单。@Geek_Cao 有 5 篇博文登上热文榜单，@IT 魅力有 6 篇博文登上热文榜单，实力较为突出。

TOP20 热门文章的内容以 IT 类科普信息为主，手机品牌类信息含量较多，内容表达形式较为多元，发起的抽奖活动吸引不少流量，实现了较好的引流效果。数码类科普占据微博平台的信息传播优势，通过传播最新数码资讯、对比介绍不同数码产品的信息参数和最佳用途、发起抽奖活动等，吸引了网民的关注。生活科普类账号通过分享生活小知识、生活资讯等信息，内容质量较高，获得网民信任，保持稳定的流量。红V性质的意见领袖账号认证为各领域内的专业人士，发布的专业内容令人信服，以个人口吻发布的信息也更能拉近与网民的距离，宣传效果也较为明显，与科协系统主流新媒体的传播形成互补优势，增强了科技资讯内容的实用性，进一步扩大了读者的覆盖面。

七、内容多样化，聚焦科技热点积极引流

表2-10 自媒体今日头条热门推文TOP20

序号	昵称	内容	阅读量	评论数
1	兵工科技	中国核动力航母开始招标了？	964 269	1 049
2	兵工科技	中国陆军大规模采购军用防弹插板，中国单兵防护达到世界领先水平	809 646	5 019
3	兵工科技	宽阔航道你不走，偏往我的网里钻：那些被渔网"捕获"的潜艇们	701 835	135
4	兵工科技	巨浪-2来了，巨浪-3还会远吗？	520 220	1 136
5	兵工科技	中国核打击力量的中流砥柱——"东风"-5B核导弹	456 876	1 565
6	兵工科技	无人机大量装备解放军对印作战部队，意味着什么？	344 267	1 975
7	兵工科技	外媒分析对比印度T-90主战坦克和中国15式轻型坦克，究竟谁更胜一筹？	270 590	265
8	兵工科技	003国产航母即将合拢，国产第五代舰载机项目也在加速，歼-31将是最佳选择	255 539	193
9	兵工科技	西班牙空军派大型运输机到中国运口罩，A400M挺露脸	248 977	380
10	兵工科技	中国退役军舰不愁卖，053H3护卫舰出口孟加拉国	238 590	426
11	育儿界的蓝胖子	李玫瑾教授：为什么从小必练长跑和游泳？	223 785	614
12	十月呵护	这几种退烧药已被全部禁用，但很多孩子还在用它退烧，家长要注意	179 651	54
13	兵工科技	一张图看懂075和"美利坚"号两栖攻击舰的差异	168 053	263
14	十月呵护	宝宝疫苗这8类不能延迟接种，特殊时期也不行	166 290	185

第二章 2020年度陕西省新媒体科学传播案例分析

续表

序号	昵称	内容	阅读量	评论数
15	兵工科技	外媒关注我军新型远程反坦克导弹,"发射后不管",拥有两大特长世界领先	162 066	66
16	兵工科技	运-20驾驶舱细节曝光后,才知道原来这么先进,部分技术比C-17还好	153 229	584
17	十月呵护	最危险的"大便类型"找到了!宝宝拉出这种,建议立即治疗	148 701	14
18	兵工科技	解放军陆军打击范围要进一步扩大!西藏军区03式远程火箭炮最新升级,能打160千米	144 409	250
19	兵工科技	外媒关注中国新型无人作战车辆列装人民解放军	139 814	216
20	兵工科技	热血沸腾!中国首次公开演示无人机"蜂群"技术,未来歼-20将变身"蜂王"	137 176	280

备注:按照阅读量排名

陕西省自媒体科学传播今日头条热门推文TOP20榜单中,高热度文章来源较为集中,头部账号@兵工科技表现突出,16条博文登上热文榜单,占比高达85%,实力比较突出,内容以军事题材为主,文章形式以视频和图片为主,展现新时代中国军队的先进科技水平,报道军事时事热点等,彰显中国综合实力的显著提升以及强大的作战能力。

"十月呵护"账号以婴幼儿护理为主题,内容包括名医指导、儿童疫苗接种等,科普儿童医疗知识,长期不间断地提供新内容,受到网民广泛好评。此外,"育儿界的蓝胖子"聚焦儿童成长,发布专家学者的权威观点和成长指导,阅读量和评论量也较为可观。

弘扬正能量、主旋律的高质量文章层出不穷，如《兵工科技》发布文章《中国核打击力量的中流砥柱——"东风"–5B核导弹》《中国陆军大规模采购军用防弹插板，中国单兵防护达到世界领先水平》，展示我国的军事实力，提升民族自信心、民族自豪感，有利于提高网民的认同感和责任感。

各账号重在提供各行各业的信息服务，但不局限于本地的新闻资讯，密切跟进全国的科技、科学热点，不断为陕西省自媒体科学传播今日头条矩阵的传播注入新鲜内容。

八、聚焦母婴护理与历史文化，专业内容传播面较广

表2-11 抖音自媒体热门视频TOP20

序号	昵称	内容	转发数	评论数	点赞数
1	秦五粮	大秦赋 赵太后	179	96 588	4 734
2	秦五粮	陕西话三分钟带你看西汉219块金饼	4 570	93 412	3 420
3	秦五粮	大汉王朝（陕西话版）。第十期：刘邦脱单记	2 673	92 423	2 782
4	西安市儿童医院	急诊科医生 被咳嗽折磨的印度小宝贝"拥抱"医疗无国界，儿医眼里只有患儿……@抖音小助手 @青岛市妇女儿童医院	49	74 578	84
5	秦五粮	西安最贵的车——铜车马	3 687	67 388	275
6	西安市儿童医院	儿科医生有话讲 患儿的健康是我们最大的守候 @抖音小助手 @健康西安 #儿医李钟硕 #王子给公主殿下的回礼	222	71 151	321

第二章 2020年度陕西省新媒体科学传播案例分析

续表

序号	昵称	内容	转发数	评论数	点赞数
7	秦五粮	帝国双壁之霍去病（陕西话版）	2 316	67 638	741
8	秦五粮	战神白起（陕西话版）	2 905	65 836	962
9	秦五粮	大汉王朝（陕西话版）第十六期：汉文帝刘恒	2 002	61 196	735
10	秦五粮	大汉王朝（陕西话版）第三十七期：金子特别多的海昏侯	1 686	55 568	577
11	安州牧	原创历史科普《风云南北朝》02	1 007	54 296	181
12	秦五粮	大汉王朝（陕西话版）第二十八期：帝国双壁之卫青	1 959	52 424	732
13	安州牧	唉……惨淡经营，在线求赞	4 510	49 248	357
14	秦五粮	盘点西安高校那一拨古墓派	1 419	50 854	1 597
15	安州牧	历史上的真三国（19）	2 724	50 319	297
16	秦五粮	大秦赋 嫪毐	2 806	46 448	3 009
17	小平聊康复	"站着说话不腰疼"你以为你是谁！健康小知识：照这样生活	988	39 284	9 466
18	秦五粮	赵国为啥打输了长平之战？（陕西话版）	136	45 553	604
19	秦五粮	大汉王朝（陕西话版）第十三期：汉初三杰之韩信	29	40 971	1 937
20	安州牧	原创历史科普《风云南北朝》09	1 108	41 067	283

备注：按照互动数（转发数+评论数+点赞数）排名

陕西省自媒体科学传播抖音热门视频TOP20主要来源于"西安

市儿童医院""小平聊康复""秦五粮"3个账号,其中"秦五粮"以13个视频内容上榜位居第一梯队,"安州牧"贡献4个视频内容,"西安市儿童医院"贡献2个视频内容,"小平聊康复"贡献1个视频内容。

内容方面,"西安市儿童医院"账号聚焦婴幼儿护理方面,以婴幼儿护理常识为主题吸引大量家长群体,健康、儿童病、儿科专家成为评论区的高频热词,受到家长群体的广泛关注并被频繁转发,传播范围扩大,受众数量增加。"小平聊康复"账号的视频内容涉及养生、生活常识等,中年群体关注较多,长期互动得到网民的积极认可,视频评论数和转发量较为可观。"秦五粮"以地方历史文化、陕西话为重要卖点,引导网民了解陕西历史人物和地方特色,以科普、连续剧的方式牢牢抓住网民注意力,用户黏性强,"大秦赋""大汉王朝"等抖音话题的发起,带动相关内容的互动,获得网民较高关注度,反馈效果明显。

从陕西省自媒体科学传播抖音热门视频的内容来看,针对用户的需求科普医疗、养身、历史文化等多方面的知识内容,持续高质量地输出专业性的内容,满足用户多样化的诉求。同时,通过拓展视频内容边界,以相关热点事件为主题,利用特定行业的视角来进行解读,提供给用户不同的思考方式,增强用户的满足感,也与科协系统的主流抖音账号形成差异化,既体现自身的内容优势,又能丰富和完善整体矩阵的层次感。

第三章
陕西省新媒体科学传播发展建议

新媒体凭借其稳定的信息传播渠道以及丰富的科技手段，体现出巨大的运用价值。在科学传播工作中，新媒体传播不断活跃，极大地拓展了科普渠道，在一定程度上成为科学普及的"快车道"和"加速器"。

新媒体获取资讯的便利性给传统的科普形式带来了机遇和挑战，因此建议采取如下措施：

（1）强化垂直内容生产，创新形式，促进纵深传播；

（2）注重互动和科学引导，多平台传播实现矩阵化管理；

（3）建立专业运营团队，完善审核奖惩机制；

（4）立足本地科普宣传，充分挖掘古都独特性资源，优化科普新媒体传播深化发展的环境和秩序。

一、强化垂直内容生产，创新形式，促进纵深传播

1. 推行差异化传播

陕西省科协系统新媒体账号不断围绕民生、健康、防灾应急科普、前沿科技、天文科普等各个方面，向大众传递科学知识，取得了很好的科普效果。未来要全面提升影响力，就要在对平台运营情况深入了解的基础上，因类施策，扬长避短，整合各类平台优势，推行差

异化传播。具体可从以下方面入手：

（1）在新媒体资源及技术分配上，进一步巩固发展传播影响力较强的新媒体，同时加大培育和支持潜力较大、职能属性较为重要的非活跃新媒体。

（2）在传播策略上，可通过强弱影响力账号相互转发、互动、信息联动共享等，以大V"结对"帮扶小V的方式，助推新媒体账号齐壮大。

（3）在内容发布上，根据各类账号性质和职能属性的不同，各有侧重发布内容，强化垂直内容生产，树立独特标签，如科技馆等服务类账号，可以聚焦社会、参观群众关注的热搜话题和场馆信息进行科普信息推送，第一时间满足大众获取科学知识的需求，科协系统的官方账号要立足职能优势，积极开展应急科普和重要科普主题宣传，增强影响力。

2. 创新传播形式

在利用传统的文字、图表等形式进行科普宣传的同时，应充分利用直播、访谈、专题、对话、视频等现代网络传播手段，把内容的针对性和形式多样性结合起来，注重趣味性与科学性的统一，创造多样化的传播形式，提高受众的接受度。

陕西省科协系统抖音账号可结合"短视频+VR""短视频+Rap"等形式让科普视频变得更加有趣，同时还可以借助游戏、明星参与、趣味答题等娱乐因素与科学理论结合，满足受众的娱乐需求，达到普及科学知识的传播效果。

陕西省科协系统微信公众号可开辟专栏，面向行业专家、科学传播专家和广大科技工作者等征集科普文章，开发形式新颖、内容及时、易于公众理解的科普宣传作品，并借助新技术新工具优化内容，将科学性的知识内容与丰富的表达形式相结合，增加读者对公众号的好感度。

陕西省科协系统今日头条账号可邀请行业专家和科普达人在头条分享专业的观点与知识，通过新颖独特的视角、独到有见地的解说，吸引用户关注。

二、注重互动和科学引导，实现多平台矩阵化管理

1. 加强科学引导

科学传播工作是社会责任，新媒体科学传播联盟就是要协调全省科技科普宣传方面的资源，形成上下联动、横向协同的工作模式，共同推进融媒体科学传播事业发展。运营机构应以公众科普需求为导向，持续利用公众号、今日头条号等新媒体深入开展应急科普工作，针对社会热点、焦点和谣言等，及时发出科学权威的声音，正确引导社会舆论，增强网络正能量。另外，尤其要注重新媒体的矩阵化管理与结构化传播，建设新媒体矩阵内部竞合机制，以先进带落后，补齐个别短板，增强整体实力，从而不断提高新媒体矩阵的整体实力，保证信息有效触达，提升新媒体运营效果。

2. 实现矩阵化管理

根据对陕西省科协系统账号的分析，发现目前部分账号在运营中与受众的互动还未发挥良好的作用。无论是传播内容还是运营机制，陕西省科协系统都需要加强新媒体的传播创新，注重分析用户

潜在需求和阅读习惯，大胆尝试，不断迎合和满足用户个性化的阅读需求，改善用户体验。例如，在微信、抖音、微博平台发起科普知识话题，讨论和普及知识有奖竞答活动，并将评论中所出现的能引发用户强烈讨论的内容，在线下通过场景再现进行宣传，进一步提升传播效果。

三、建立专业化运营团队，完善审核奖惩机制

1. 建立专业运营团队

纵观陕西省科协系统新媒体传播情况，部分新媒体账号活跃度不足，不仅更新频次低，内容发布时间和发布条数也不固定，甚至还有少数账号处于停滞状态，内容持续性较差，不利于粉丝用户养成稳定的阅读习惯，让科普内容传播力和影响力大打折扣。建议有关单位引进专职运营人员，组建专业科普团队进行内容输出与运营规划，深耕优质原创内容，保证科协科普账号内容发布的持续稳定，提升用户体验感。

2. 完善科学传播机制

科学传播政策的制定与实施，在提升社会各阶层的公众科学素养，引导公众支持与参与科学事业方面，发挥了积极的作用，制度化、政策性的设计，使科学传播逐步规范化和法制化。目前，科学传播奖惩的设置体系、评选细则、影响力及范围等，都存在一定的不足，迫切需要深入研究，进一步完善机制，促进科学传播产业，扩大科学传播的影响力，因此陕西省新媒体科学传播要不断完善信息发布和科学知识传播的协调与审核机制，建立健全相关考核评估激励机

第三章 陕西省新媒体科学传播发展建议

制,完善科普人才培育和选拔任用机制,以及科普作品的评选认证机制,推动科普工作的制度化、规范化、科学化发展。

3. 加大对陕西省科学传播奖惩制度的理论思考

一方面,从完善奖项设立类型及数量、评奖机制等方面入手,力争奖项设置及评选的完备性;另一方面,在现有的管理办法基础上,推动出台相应的行政法规,进而健全奖惩制度的监督体系。总之,要充分开展科学传播奖惩制度的理论思考,在实践中遵循合法性、公平效益和以人为本的原则。

四、立足本地,充分挖掘古都独特性资源

1. 因地制宜打造精品内容

陕西省新媒体科学传播需因地制宜,组织动员科学传播专家和科普志愿者编写创作科普短文、漫画、微动画、微视频等适合在微信、微博和抖音等公众平台传播的科普作品,及时上传科普账号并积极传播。要在坚持地方特色,放眼全国的同时,立足地方,挖掘地方文化特色,充分发挥新媒体"新、快、亮"等特点,打造内容精品、文化精品,扩大影响力。

科学传播工作中需大力提升科普陕西和科创陕西等品牌影响力,让传统媒体赋能新媒体平台,注重节点性重点活动策划实施,如,利用陕西省科协有较大影响力的账号,围绕重要节日,聚焦不同主题进行宣传;在全国科普日、全国科技工作者日、全国防灾减灾日、中国科协年会等重要节点,提前策划主题科普活动,提升陕西省新媒体科

学传播的整体影响力。

2.探索科学传播新途径

陕西省新媒体科学传播以科普资源建设与推广、开展科学传播活动、推动科普产业化发展等方式，积极探索开发科学传播的新途径、新方法、新载体。如：策划设计以陕西历史文化为主题的科普期刊，以"科普陕西"品牌为统领制作各类科技视频、动漫等，运用多元化手段拓宽科学传播渠道，围绕优质科普信息建设、科普信息精准服务、科普服务和管理信息化等，实现科学传播方式方法的变革升级。

附录 1
新媒体时代科普传播的挑战与对策

摘要： 新媒体既能够提高科普类信息的传播速度和广度，同时也会对信息精度本身形成不良影响，在科普传播方面，新媒体成为了"双刃剑"。本文的研究目的是，确定新媒体时代科普传播遭受的影响，主要是研究自媒体发展对科普造成的干扰，之后研究对这类挑战的应对方法，核心思路是充分利用官方媒体的公正性和长期发展中已经取得的资源，实现科普信息的高速、大范围传播。

关键词： 新媒体；科普传播；自媒体

引言

目前的媒体平台内，自媒体数量呈指数增长状态，其会传递海量信息，对于受众来说，若自媒体传递的每个信息都独立验证，那时间成本过高，故而受众通常会信任自媒体发布的信息。自媒体由于其素质良莠不齐，发布的一些所谓的科普内容，可能在自媒体认知中为真理但实际上是错误，或者自媒体恶意发布虚假信息。这是新媒体时代阻碍科普效能提高的最关键因素。

一、新媒体时代科普传播的面临挑战

1. 自媒体数量更多

在新媒体时代，每个人都可以成为信息的发布者，意味着科普工作的门槛大幅降低，表面上专业人士进行科普时，是构造基于整个社会的"知识共享平台"的推动力之一不过从实际取得的作用效果上来看，自媒体作者的素质良莠不齐，甚至于一些传统认知理念上的互联网渠道中所谓的"公知""美分"也摇身一变成为了自媒体作者，这类人员更擅长"伪科普"，在发布的内容内大量夹杂煽动性语言，用以达到自己不可告人的目的，此外自媒体作者间通常会组建成熟的信息点赞、评论、转发机制，让发布的信息得以更广传播，但是这类科普本身就是错误信息，则这类信息传播越广，对于受众的影响越深刻。在目前的新媒体发展时代下，官方媒体由于其数量要远远少于自媒体，所以很容易在正确且专业科普信息的传播过程中无法抵抗错误信息的挑战[1]。

2. 自媒体噱头更多

我国的自媒体在运营过程中，为了能够获得更高的流量，通常会在创作的内容上使用大量噱头以吸引受众，其中最主要的方法是成为"标题党"，甚至可以说标题党已经成为了互联网时代中，最具有时代特色的一种"科普"模式，且自媒体敢于涉足任何领域，罔顾其发表信息可能对人心理与生理上造成的不可逆影响。比如伴随着民众生活水平的提升，开始更加重视所谓养生，大量自媒体把目光投放到养生领域。自媒体为了提高个人收益，会在标题内通过加入噱头意图让发布的文章获得更高阅读量。对于官方媒体来说，不能也不屑采用该方法吸引受众，且未能对自媒体发布的内容作出驳斥，导致在日复一日的竞争中，官方媒体传递的正确科普知识被自媒体传递的虚假信息掩盖。

3. 自媒体利用焦虑

在当前的社会发展过程中，所有人员都有焦虑的事物，如年轻人主要焦虑生活成本，中年人焦虑能否为下一代提供更好的教育，老年群体焦虑与养老相关的事务，人们如何与焦虑相处，理论上要借助专业的知识解答。然而在当前的自媒体运营过程，大多是利用人群的焦虑，表面上来看撰写的文章描述了人群当前面临的问题，并且给出了合理建议，但是通过剖析文章核心发现，都是将某个个例推广到所有人群，通过加入硬性广告或者软性广告的方法表达一个观点，即"如果你购买了该商品，焦虑会离你而去"，这分明是自媒体为了收益撰写的伪科普文章。对于官方媒体来说，更加关注从社会发展和规章制度建设层面上的焦虑消除方法，发布的信息带有专业性与理论性，受众难以解读，自然无法抗衡自媒体给出的高娱乐性的所谓科普知识。

二、新媒体时代科普传播的挑战对策

1. 应对自媒体数量集群的方法

应对自媒体的集群式冲击，本文认为官方媒体可按照"以质量对抗数量、以渠道对抗集群"的思想，使得发布的公正客观科普内容既被受众了解，也要净化自媒体造成的错误网络风气[2]。比如年轻群体对掌握资源和生活向往不平衡方面的焦虑，官方媒体在科普中，首先深入浅出解释焦虑情绪成因，之后给出专业性的信息，同时必须要强调这类问题实际上也是在社会大环境下生成，在自媒体的影响下让个体的年轻人认为自己也面临同样的问题，这种简单把个体问题推广到全体成员身上是错误的行为，此时可以让受众养成真正意义上的客观思考思维。

对于渠道建设来说，官方媒体可以利用其在多年电视媒体发展中建成的完整传媒渠道，通过运营自媒体账号、短视频媒体账号的方法，在各个账号之间建立交互关系。比如各个省市的电视台就可以和共青团中央账号进行定期或不定期的互动，同时要利用好各类官方媒体账号之间的相互引流作用，某个官方媒体发布专业性的科普信息之后，其他官方媒体同期跟进，以充分提高官方媒体的影响力。

2. 应对自媒体利用噱头的方法

当前的自媒体会利用噱头以吸引更多受众，这类信息明显存在问题，很容易对受众造成误导。本文认为今后对于官方媒体来说，要对这类自媒体账号发布的消息逐条批驳，甚至可以建立专业性的自媒体监管机构，定期或不定期公布参与造谣、传谣的自媒体账号信息，尤其是要说明被公布账号发布信息中存在的问题。当然由于当前大量观众存在审丑心理，如果官方媒体公布了这类自媒体账号时，可能会在短时间之内起到引流作用，大量好奇者会点击相关账号发布的内容，以了解这类账号如何利用噱头吸引受众。为了防范某些自媒体利用这一特点为自身增加流量，官方媒体在公布这类账号信息过程，要直接指出自媒体所意图宣传的各类产品，尤其是要指明这类产品是否是假冒伪劣产品，如果斩断了自媒体和其背后的资本集团，那么自媒体创建的虚假科普信息产业自然会面临极大的冲击。

3. 应对自媒体贩卖焦虑的方法

目前的自媒体广泛利用人群的焦虑攫取利益，其背后的逻辑是利用当前相关产业以及普通民众之间的信息差，通过在这类信息中展现一些看似正确实则错误的信息，让普通受众认为自己已经完全了解了相关产业，使得观众认为自己"被科普"。本文认为今后官方媒体的作用是，全面分析自媒体贩卖焦虑的动机，分析过程可以利用百度搜索指数、短视频平台内的搜索指数等数据，了解大部分的自媒体所主要发布的内容，比如发现某时间内大量自媒体攻击的对象为我国的房地产产业，诚然房价是中国社会当前面临的一个问题，但是这一问题并非不可消除，同时2021年全国两会期间，李克强总理再次强调了"房住不炒"原则，这实际上对市场来说是一剂强心针，若受众了解了这类信息，会在一定程度上降低焦虑，自媒体自然不会说明这类信息。官方媒体通过进一步分析，确定自媒体的目的是让年轻人养成超前消费习惯，强调所谓的"活在当下"，此时官方媒体可以通过制作反驳视频的方法，强化对国务院相关政策的解读力度，利用已经建立的信息传递渠道，让更多的年轻人了解到，即使在房价下降时，如果其完全没有积蓄也很难负担，让年轻人逐渐放弃超前消费的习惯。

4. 官方媒体引导信息的方法

官方媒体在各类信息的引导过程中要符合受众审美习惯，比如通过树立形象代言人，利用当前的时事新闻，让具有代表性的人员参与科普工作[3]。在形象代言人的选择中，要选择专业人员，比如在我国新冠肺炎防治期间，一些官方医疗机构建立了辟谣平台，但是从实际取得了效果上来看，自媒体产生谣言的速度更快，此时官方媒体可以直接采访普通民众绝对信赖的医学专家——比如钟南山、张文宏等——让其说明在信息甄别过程中，最佳方法是事先到官方辟谣平台内搜索所谓的科普信息是否正确，此时百姓自然可以借助该平台甄别自媒体科普的错误内容，官方媒体通过对这类专家语言的引述可起到科普作用。

结论

综上所述，在我国当前的新媒体时代下，科普传播的问题主要来源于自媒体的数量急剧增加、自媒体对噱头的利用率更高以及自媒体会普遍贩卖焦虑等。对这类问题的解决方法为，官方媒体必须要能够借助于现有的渠道优势以及官方媒体本身所代表的公正客观光环，实现对各类自媒体资本链条的切割，并且真正引述公民所真正信赖的专家学者话语，共同参与针对一些信息的公布工作。

参考文献

[1] 郑媛，周静锋，马路宁，等. 由微信公众号延伸的微信社群健康科普传播实践与思考 [J]. 健康教育与健康促进，2020，15(06):703-705.

[2] 赵婉莹. 浅谈新媒体时代科普传播困境下高校学生组织科普的探索——以山东大学威海天文协会为例 [J]. 科技传播，2020，12(22):29-31.

[3] 曹翠峰，周一思. 手机媒体时代医学科普传播面临的挑战与对策 [J]. 中国卫生信息管理杂志，2020，17(02):227-230.

作者简介：贺星蓓，渭南师范学院讲师，博士在读，项目名称：基于SWOT分析新媒体时代科普传播与对策研究，项目编号：2020PSL038。

附录2
陕西省新媒体科学传播评价方法及指标体系

一、指标算法整体说明

1. 指标选定

为同时兼顾账号的传播量和传播内容质量，结合各平台的特性选择不同的指标对账号进行综合评估，包括数值类指标和内容类指标。

数据类指标：各类平台均有相应的数据指标，包括原始采集的基础数据指标，如发文数、转发数、阅读数、点赞数等，以及基于基础数据指标进行计算所得的计算类数据指标，如日均发帖量、篇均阅读数、平均点赞数、最新更新时差等。

2. 指标标准化

在多指标评价体系中，由于各评价指标的性质不同，通常具有不同的量纲和数量级。当各指标之间相差很大时，如果直接用原始指标值进行分析，就会突出数值水平较高的指标在综合分析中的作用，相对削弱数值水平较低指标的作用。

为了保证结果的可靠性，需要对原始指标数据进行标准化处理，即将原始数据通过某种变换，使之落入一个特定区间，使得各指标之间可进行量化比对。我们通过对数函数转化法进行数据标准化处理。

3. 指标加权

由于各个评价指标对整体账号评估的影响程度不同，需要对各指标赋予不同的权重。通过清博技术对所有指标进行权重评定，最后通过统计算法综合确定各个指标的权重大小。

二、微信公号影响力评价标准（WCI）

微信传播指数WCI（We Chat Communication Index）是指通过微信的"整体传播力""篇均传播力""头条传播力""峰值传播力"四个维度来反映账号的传播能力和传播效果。WCI重在评估账号发文的整体传播力，旨在鼓励公号每日持续、高质量地发布内容。

微信传播指数 WCI-V14.1

一级指标及权重	二级指标	二级权重	标准化得分
整体传播力 O（40%）	日均阅读数 R/d	77%	O=0.77ln(R/d+1)+0.17ln(Z/d×10+1)+0.06ln(L/d×10+1)
	日均在看数 Z/d	17%	
	日均点赞数 L/d	6%	
篇均传播力 A（10%）	篇均阅读数 R/n	77%	A=0.77ln(R/n+1)+0.17ln(Z/n×10+1)+0.06ln(L/n×10+1)
	篇均在看数 Z/n	17%	
	篇均点赞数 L/n	6%	
头条传播力 H（20%）	头条（篇均）阅读数 Rt/nt	77%	H=0.77ln(Rt/nt+1)+0.17ln(Zt/nt×10+1)+0.06ln(Lt/nt×10+1)
	头条（篇均）在看数 Zt/nt	17%	
	头条（篇均）点赞数 Lt/nt	6%	
峰值传播力 P（30%）	最高阅读数 Rmax	70%	P=0.7ln(Rmax+1)+0.2ln(Zmax×10+1)+0.1ln(Lmax×10+1)
	最高在看数 Zmax	20%	
	最高点赞数 Lmax	10%	
WCI={0.4×[0.77LN(R/d+1)+0.17LN(Z/d×10+1)+0.06LN(L/d×10+1)]+0.1×[0.77LN(R/n+1)+0.17LN(Z/n×10+1)+0.06LN(L/n×10+1)]+0.2×[0.77LN(Rt/nt+1)+0.17LN(Zt/nt×10+1)+0.06LN(Lt/nt×10+1)]+0.3×[0.7LN(Rmax+1)+0.2LN(Zmax×10+1)+0.1LN(Lmax×10+1)]}^{2}×1.2×10			

附录2 陕西省新媒体科学传播评价方法及指标体系

其中：

R 为评估时间段内所有文章（n）的阅读总数；

Z 为评估时间段内所有文章（n）的在看总数；

L 为评估时间段内所有文章（n）的点赞总数；

d 为评估时间段所含天数（一般周取 7 天，月度取 30 天，年度取 365 天，其他自定义时间段以真实天数计算）；

n 为评估时间段内账号所发文章数；

Rt、Zt 和 Lt 为评估时间段内账号所发头条的总阅读数、总在看数和总点赞数；

nt 为评估时间段内账号所发头条文章数；

Rmax、Zmax 和 Lmax 为评估时间段内账号所发文章的最高阅读数、最高在看数和最高点赞数。

三、微博公号影响力评价标准（BCI）

微博传播指数 BCI（Micro-blog Communication Index）是指通过微博的活跃度和传播度来反映账号的传播能力和传播效果。BCI 重在评估账号的原发微博传播力，旨在鼓励高质量原创内容。

微博传播指数 BCI-V9.0			
一级指标及权重	二级指标	二级权重	标准化得分
活跃度 W1 （20%）	发博数 X1	30%	W1=30%×ln（X1+1） +70%×ln（X2+1）
	原创微博数 X2	70%	
篇均传播力 A （10%）	转发数 X3	20%	W2=20%×ln（X3+1） +20%×ln（X4+1） +25%×ln（X5+1） +25%×ln（X6+1） +10%×ln（X7+1）
	评论数 X4	20%	
	原创微博转发数 X5	25%	
	原创微博评论数 X6	25%	
	点赞数 X7	10%	
BCI=（20%×W1+80%×W2）×160			

四、今日头条传播影响力评价标准（TGI）

其中，X1 为评估时间段内发布文章的日均阅读数；

X2 为评估时间段内发布文章的篇均阅读数；

X3 为评估时间段内发布文章的日均评论数；

X4 为评估时间段内发布文章的篇均评论数。

今日头条清博指数 TGI（Toutiao Gsdata Index）通过对今日头条账号的传播指数和互动指数来反映账号的传播能力和效果。

今日头条传播指数 TGI-V1.0			
一级指标及权重	二级指标	二级权重	标准化得分
传播指数（80%）	日均阅读 X1	45%	ln（X1+1）
	篇均阅读 X2	55%	ln（X2+1）
互动指数（20%）	日均评论 X3	45%	ln（X3×10+1）
	篇均评论 X4	55%	ln（X4×10+1）
TGI={0.8×(0.45×ln(x1+1)+0.55×ln(x2+1))+0.2×(0.45×ln(x3×10+1)+0.55×ln(x4×10+1))}×100			

五、抖音号传播影响力评价标准（DCI）

抖音号传播力指数（DCI）V1.0 通过对抖音账号发布的短视频互动状况、覆盖用户程度来综合体现抖音号在短视频平台的传播影响力。

抖音号传播指数 DCI-V1.0			
一级指标及权重	二级指标	二级权重	标准化得分
发布指数（10%）	新增作品数 X1	100%	ln(X1+1)
互动指数（76%）	点赞数 X2	17%	ln(X2+1)
	评论数 X3	37%	ln(X3+1)
	分享数 X4	46%	ln(X4+1)

附录2　陕西省新媒体科学传播评价方法及指标体系

续表

抖音号传播指数 DCI-V1.0			
一级指标及权重	二级指标	二级权重	标准化得分
覆盖指数（14%）	新增粉丝数 X5	89%	ln(X5+1)
	总粉丝数 X6	11%	ln(X6+1)
DCI={0.10×ln(X1+1)+0.76×[0.17×ln(X2+1)+0.37×ln(X3+1)+0.46×ln(X4+1)]+0.14×[0.89×ln(X5+1)+0.11×ln(X6+1)]}×100			

六、新媒体榜单数据说明

陕西省科协系统与清博大数据通过全面数据采集与科学严谨的模型构建，以传播力、认可度、活跃度、覆盖度等多个平台传播指数评定指标，联合推出陕西省新媒体科学传播评价体系，客观评定新媒体运营效果，有效助推陕西省科协与大众舆论的良性互动。

陕西省新媒体科学传播评价体系包括陕西省科协系统指定认证的官方微博、微信、今日头条和抖音账号。依据评价指标体系以及目前各平台传播特点，微信占比55%，微博、今日头条、抖音各占比15%。权重为动态比重，会根据各平台的发展趋势，调整参考比重，得出公正的综合性评价结果。

	指标	计算项	权重
陕西省科协系统新媒体融合指数	微信	WCI算法	55%
	微博	BCI算法	15%
	今日头条	TGI算法	15%
	抖音	抖音指数	15%

参考文献

[1] 彭志妮. 关于新媒体环境下的科学传播新格局研究 [J]. 中国传媒科技，2016(10):44-45.DOI:10.19483/j.cnki.11-4653/n.2016.10.014.

[2] 柳文杰. 网络环境下科技传播研究 [J]. 科技传播，2017，9(5):19-20.DOI:10.3969/j.issn.1674-6708.2017.05.023.

[3] 汪志. 科学传播与科学文化 [J]. 科技传播，2021，13(2):38-52.DOI:10.3969/j.issn.1674-6708.2021.02.035.

[4] 米俊涛. 新媒体环境下的科学传播 [J]. 传播力研究，2021，5(14):164-165.

[5] 王秋. 科学传播的建设性路径研究 [J]. 新闻研究导刊，2021，12(16):21-23.DOI:10.3969/j.issn.1674-8883.2021.16.009.

[6] 李黎，孙文彬，汤书昆. 当代中国科学传播发展阶段的历史演进 [J]. 科普研究，2021，16(3):37-46.DOI:10.19293/j.cnki.1673-8357.2021.03.005.

[7] 贾鹤鹏，刘立，王大鹏，等. 科学传播的科学——科学传播研究的新阶段 [J]. 科学学研究，2015，33(3):330-336.DOI:10.3969/j.issn.1003-2053.2015.03.002.

[8] 贾鹤鹏，刘立，王大鹏，任安波. 科学传播的科学——科学传播研究的新阶段 [J]. 科学学研究，2015，33(03):330-336.

[9] 李智强：提高科学传播能力 促进科学素养建设 [A]. 中国科普

理论与实践探索——公民科学素质建设论坛暨第十八届全国科普理论研讨会论文集，2011年．

[10] 岳洋，徐雁龙，马强，等．国立科研机构科学传播体系建设的实践与思考——以中国科学院为例[J].中国科学院院刊，2021，36(4):456-463.DOI:10.16418/j.issn.1000-3045.20210325001.